交流力

商务沟通能力的33个黄金法则

〔日〕金武贵 ◎ 著

温雪亮 ◎ 译

中国出版集团　现代出版社

版权登记号：01-2020-5980

图书在版编目 (C I P) 数据

交流力：商务沟通能力的 33 个黄金法则 /（日）金武贵著；温雪亮译 .
-- 北京：现代出版社，2020.12
（精英力系列）
ISBN 978-7-5143-8887-9

Ⅰ . ①交… Ⅱ . ①金… ②温… Ⅲ . ①商业管理－公共关系学－
通俗读物 Ⅳ . ① F715-49

中国版本图书馆 CIP 数据核字（2020）第 196242 号

SEKAI TOP ERITO NO KOMYU RYOKU NO KIHON
Copyright © 2020 by Moogwi KIM
First original Japanese edition published by PHP Institute, Inc., Japan.
Simplified Chinese translation rights arranged with PHP Institute, Inc.
Through Shanghai To-Asia Culture Co., Ltd.

交流力：商务沟通能力的 33 个黄金法则

著　　者　　［日］金武贵
译　　者　　温雪亮
责任编辑　　赵海燕　王　羽
出版发行　　现代出版社
通信地址　　北京市安定门外安华里 504 号
邮政编码　　100011
电　　话　　010-64267325　64245264（传真）
网　　址　　www.1980xd.com
电子邮箱　　xiandai@vip.sina.com
印　　刷　　北京瑞禾彩色印刷有限公司
开　　本　　880mm×1230mm　1/32
印　　张　　7
字　　数　　122 千字
版　　次　　2021 年 4 月第 1 版　2021 年 4 月第 1 次印刷
书　　号　　ISBN 978-7-5143-8887-9
定　　价　　45.00 元

致中国读者朋友

我的作品中，这已经是第四本被翻译成中文，并在中国出版了。听闻本作很快就要在中国出版了，我便提出了'想给中国的读者们写序'的想法。能给诸位读者朋友们写此序文是我的无上光荣。

很早以前我便对中国产生了巨大的好感。每当听到海外媒体对中国进行错误报道的时候，我就会非常气愤，甚至比中国人还要愤怒。

我为华为和OPPO在全球取得突破感到高兴；看到抖音在日本、韩国等国家开始流行，我为中国人感到骄傲。

中国是目前世界上第一个成功控制新冠病毒疫情的国家，同样，中国日后也会在更多领域中，在世界多元主义发展以及国际秩序建设中做出贡献的。中国加油！

话说，我为什么会如此热爱中国呢？

在我读大学的时候，曾在北京大学有过一个月短期语言留学的经历。那时的经历真是太有趣了，中国也给我留下了很好的印象。即便过了20多年，我依旧清晰地记得他们——教过我太极拳的鱼老师、中文老师溥珉、当时在月坛中学的叶明同学，以及复旦大学的黄同学。

顺带提一句，我的父亲和中国留学生之间的关系非常好。我小时候，一位来自上海的艺术家马先生，经常来我的老家京都。那位马先生还为我做了一方印章，直到现在我仍在小心翼翼地使用。

后来，我不仅学习了中文，还前往中国香港的一家投资公司工作，并且在 INSEAD 的工商管理硕士留学中，增加了和中国友人交流的机会。当我在日本京都开始使用爱彼迎软件之后，与中国游客的交流也变多了。

托了学习中文的福，我现在能够得到在中国——这个世界最大的市场以及生产基地，进行各种投资和商务往来的机会。

直到今日，我每天都会关注中国本土的电视节目。正是在这些节目中，我实时了解到当下中国的社会现状。我认为，想要客观公正地了解一个国家，必须要直接接触这个国家，这样才能够减少误解，对其的亲近感以及敬意就会提升。

信息传播能力 + 信息接受能力 = 交流能力，这对国际商务中的有效沟通至关重要。

在此，请让我介绍一下和本作有关的概要吧。在本书中，通过在全球若干家国际私募股权投资以及咨询公司中所遇到的商务交流的精英们，我总结出了 33 个任何人都可以学习并应用的要点。

我们很多人其实并不擅长书写通俗易懂的文章以及发表言简意赅的演讲。很多人不知道如何提高信息的传播能力，或是如何提高媒体的素养，且大多会用批判性的思维去思考信息的正确性。

还有就是，在亚洲各国中，有不少交流方式是含糊不清的委婉叙述。因此，一旦与不同文化背景的外国人交流的时候，很容易引起误解。

除此之外，随着国际化发展，人们在阅读信息时会有先入为主的认知，以及观点和想法的差异，所以发信息的一方不得不进行回应的"基于误解所带来的批评"往往会增加。

随着通信技术的发展，由于大量的动画以及图像资源都可以免费获得，因此通过阅读文章、交谈以及讲解提案等模式进行沟通的机会逐渐减少。

因此，我们提高言简意赅的"信息传播能力"以及能够正确理解信息的"信息接收能力"可谓是至关重要。

在此我要对各位读者朋友们表示感谢。

中国拥有世界上信息传播效率最高的文字——汉字。加之，OPPO、小米以及我母亲也在使用的华为等手机品牌发展迅猛，表现优秀，很多人都会同时使用两部手机。智能手机里拼音功能的发展，大大降低了往日手写汉字的复杂和难度，使得中国成为世界上日发送信息量和日接收信息量最多的国家。

特别是中国正重新回到世界领先大国地位的今天，很重要的一点就是每个中国人能够接触大量的信息源，并能够正确地阅读、真诚地传播这些信息。

在此我要祝愿大家的交流能力能够更上一层楼，希望本书能够对亲爱的中国读者们有所帮助。我再次感谢大家对本人的支持以及爱护。

另外，我曾在自己 HP（www.moogwi.com）的联系信息（info@moogwi.com）中收到过许多中国人的咨询，应中国读者的要求，我开设了一个微信账户（ID 为：mugimugi2020），以便大家能有更多的交流。

目录

第二部分　信息接收能力

磨炼并提高信息接收能力

序

沟通能力的基础是什么？

这是一本能让你的"商务沟通能力"有效提高的书。我曾经不善言辞且写作能力差，交流能力低到让人同情。然而在与世界上优秀的商业人士一起工作后，我掌握了提高**信息传达能力**的方法，也掌握了为正确传达所需要的基础——**信息接收能力**的强化方法。所以，这也是一本总结提高商务沟通能力方法的书。

我们的身边，应该有这样的一类人吧——他们虽然十分聪明，但会话和写作能力比较差。他们写出来的文章不但没有主旨和条理，内容也很散乱，怎么也让人提不起兴趣去读。

做报告前虽然尽心尽力地准备好了资料，但是发表的时候却十分无聊，没有一个人去听。就算说了个笑话也没人会做出反应，自己却完全感知不到听众的冷漠，就像坏掉的收音机一样，照本宣科，毫无感情地念完稿子的最后一个字。

和别人进行对话的时候也是，一碰到闲聊就感到十分苦恼。大多时候聊到一半气氛就开始变得尴尬起来，然后像要逃走一般，说一句类似"下次我们再聚，下次来了请务必告诉我一声"这种好像永远无法实现的客套话作为结局。

如果想要日常交流更加顺畅，提高信息传达能力和信息接收能力就显得尤为必要。然而，我却经常听到因不善于提问导致问不到重点，或是担心自己的问题是否过于浅显而不好意思去问别人之类的话，这样的人并不少见。

其实，从收集信息最基本的"读"这个角度来说，被充斥着假新闻的媒体和网络信息所影响，越学越笨的人也不在少数。

就像"Garbage In，Garbage Out"这句话说的一样，输入的是垃圾，产出的也只是垃圾而已。

如上所述，为了摆脱"信息传达与接收能力低下"的现状，提高沟通能力，本书总结了任何人都可以学习的基本方法。

◆ 沟通能力一度十分低下的笔者将工作中所得到的经验和教训做了系统化总结，从而有了这本《交流力：商务沟通能力的33个黄金法则》。

信息传达能力与信息接收能力的重要性是不言而喻的。但是，为什么我要在这里"传达信息"呢？

这是因为我曾经在中国香港、新加坡、法国旅居过，和外资投资银行、咨询公司、私募股权基金（以非上市私人股权的投资为主）、MBA、新加坡的创业家等各种商业人士一起工作过。在这个过程中，无论是工作还是日常生活中，不可或缺的就是"读、写、报告"等的沟通能力，实际上，经过多方努力之后，我可以明显感觉到自己的沟通能力从一〇二四流①（末流）向着一流方向稳步提高。

然后，经过长期的努力，我用自己在困难中学到的教训写成了这本"提高商务沟通能力的教科书"，以期能在当今社会和下一代乃至后世中广为流传。

信息传达能力和信息接收能力是让信息产生价值的不可分割的两个部分。

没有接收正确的信息而一味去传达信息的话，就像散布谣言一样给周围人添麻烦。相反，一味地接收信息而不传达信息，除了自我满足以外别无用处。

在这里，这本书从沟通能力的传达与接收两方面着手，将"写作、报告、对话、提问、阅读"体系化，总结了任何工作都适用的基本沟通方法，并将其呈现给大家。

---

① 请参照本书各章末的专栏，作者把 D 区域定为"四流"，全书五章相乘得出一〇二四流。

第一章的内容和写作能力相关。迄今为止，我用 6 种不同的语言出版过 60 多万字的书。其中《世界一流精英的 77 个最强工作法》这本书，在那一年的翔泳出版社商务图书大奖赛中获奖。而《这样教孩子，将来他会感谢你》也在中国、韩国和泰国成为畅销图书。

其实不只是书籍，我所撰写的网络专栏的点击量大多均在几百万次，所有专栏的点击量累加起来也超过了一亿次。

可是在很久以前，写文章对我来说并不是一件拿手的事。当我还是小学生的时候，每当要写读后感时，我绞尽脑汁也只能交上白卷。于是，那些能洋洋洒洒写出大篇文章来填满这白纸的人让幼时的我深感敬佩。

我也曾在工作中被人怒斥"逻辑不通""要更简明扼要一点"，事后更免不了受一顿狠批。在这种历练下，渐渐地，我也能写出简单易懂的文章来了。

在这过程中我逐渐发现，**写文章和对话、报告、视频等其他的沟通手段比起来，有着能够直截了当点明要点的优势**。如何有效地把这个优势利用起来便是我从中得到的经验。

第二章的内容和做报告相关。私募股权基金是一个集结各国精英的地方。我曾经参加过许多私募股权基金开设的创业培训班，也通过这些创业培训班的推荐参加过法国、新加坡和中国香港的 3 场路演比赛。其中，我在新加坡和中国香港都拿到了一等奖。

而且因为工作关系，我也曾在世界著名跨国企业的董事会上做过报告，得到了大家的一致好评。

然而在以前，我也曾是一个一上台就紧张的人。小时候在电话中跟邮递员说明来我家的路怎么走，结果我说了半天还是没能交代清楚。我也经历过很多次特意认真准备了资料，结果不能做出一个让人满意的报告，甚至冷场的尴尬情况。

我在这个成长的过程中认识到，**做报告要和听众的兴趣相结合，也不要忘记现场感和双方互动的重要性。**

书中总结了我长期在世界各地演讲得来的经验和体会。

第三章的内容和会话相关，关于这一点，我还是颇有经验的。每次我接受媒体的采访时，总是被赞扬，比如"金武贵老师不只文章写得好，口才也了得，太喜欢您了"。很多时候文章写得好的人不善言辞，而往往能言善辩的人写文章，总会有一点遗憾。

读者们可能很难想象我是一个有"反差萌"的人，实际见过我的人都会觉得我比印象中的形象要温和谦逊得多。用我自己的话来说，就是一个"让人讨厌不起来的人。"

实际上我的工作能力可能有所不足，但是单从杂谈能力来看的话，我能自诩是世界级的杂谈大师。无论何时、无论和谁都可以闲谈起来，并且不只是简单说笑，我更擅长通过对话和对方建立相互信赖的关系。

但其实过去的我并不是一个擅长对话的人，乱开玩笑，不考虑对方感受，最终导致人际关系破裂的情况也很多。

这本书是我经过长年失败所总结的经验：**不只是单纯让对话变得愉快，建立信赖关系才是对话能力的基础。**让我们一起努力吧。

第四章的内容和提问相关。我曾受多家媒体邀请去采访世界顶级名流。其中有传说级的投资家吉姆·罗杰斯、以《蓝海战略》而出名的 W. 钱·金（欧洲工商管理学院教授）等享誉全球的人。也很荣幸我和尊敬的竹中平藏教授之间的对话能做成一本书。

即便如此，相比现在的游刃有余，第一次在公开场合提问的时候，我也是做出过十分丢脸的事。倒也不是因为我害怕去提问，而是把一个愚蠢的问题当成一个好问题提了出来。

我又是如何从世界级的沟通大师那里学到一针见血的提问能力呢？我会在这一章毫无保留地教给大家。

最后第五章的内容和信息接收能力相关。我每天浏览日语、朝鲜语、英语信息，但这些在不同国家传播的信息，视点总是受限的。各国带有偏见的报道总是会造成误会，每当看到这样的状况，我都会感到心痛。

但曾经我也只相信自己一直以来所依靠的信息来源，从不怀疑自己的想法是否带有偏见。

被一些不靠谱的消息迷惑也好，自身十分偏激而导致认识不到自己的偏见也好。这都是因为没有正确理解信息的能力，而本书就将如何提高"正确理解信息能力"的基本方法呈现给大家。

◆ **本书的特点：成体系的国际化启示 × 能引起共鸣的改善方法 × 简单明了易上手。**

本书的第一个特点就是"成体系的国际化启示"。因为本书中介绍的启示都是我辗转世界各国工作时所学习到的一手知识。说起来以前的我，是一个满是缺点、没什么用处的人。

但是，正是经过了长期的努力，我积累了丰富的经验。就"读·写·做报告·对话·提问"而言，将有用的启示传递给大家的自信还是有的。

本书所选的 33 个法则并不是随意排列的，而是根据提高沟通能力的重要基础来进行的体系化分类。

我曾在世界各地用不同的语言写过文章、做过报告与采访。可以说，这是一本从实践中提取经验的书。

本书的第二个特点是"能引起共鸣的改善方法"。我不是一个生来就很厉害的人，也曾因自己的力不从心深感苦恼。但正因如此，我也明白大多数人为什么会烦恼。各章的末尾将"无法完成的等级"分成了4级，也详细记载了每个等级所对应的改善方法。

顺便说一下，从太聪明的人那里是无法全面学习到沟通能力的。

这些人中不乏在与人交谈时，经常蹦出晦涩的词汇以彰显自己的"优秀"，或者极力营造自己无所不知的"万能形象"等各种各样的人。但实际上，苦恼"为什么对方不能理解自己，要怎么表达自己"的也大有人在。

有些人生来就具有"强交流力"，即使面对没有整理过的散乱信息，也会一口气读完，之后在脑中整理清楚。无论多么无聊的内容，他们也会认真投入其中，努力尝试着去理解。

而我则是从"低交流力"时期一点一点成长起来的人，回首过往在与人沟通过程中的"黑历史"，时常慨叹自己过去的愚蠢，正是因为经历过一段痛苦的迷茫期，才更知道大多数人的痛点和烦恼。所以才能从过去的经验里总结教训，才有了大多数读者都能共鸣的案例分析，才能在每章末尾，为大家提供落地有效的解决方法。

本书的第三个特点是对于"这本书究竟想表达什么"这个问题做出了简单明了的回答。

本书中，为了提升读者的阅读体验，目录和各个小节都总结了"黄金法则"，同时，备注了一句话小注释，还在每个话题的开头和结尾处针对本节想要表达的观点也做了简单的概括。

在每个小节的结尾处提炼出了"教训"以做强调。

在后记中，我把最想要表达的核心内容，总结了出来。

写到这里我能想象到，站在书店的你，翻开这本书的目录匆匆一瞥，就仿佛知晓了全书内容，也许你会想着"不买了"，然后把这本书重新放回书架上。但是，我相信你终究会把它带回家的。

你也可以为了朋友、同事或者家人能提高沟通能力，多买几本；甚至买 1000 本在公司里派发，让全公司人的沟通能力都能得到有效提高。

◆ **本书的读者对象——希望快速提高沟通能力却又讨厌商务书籍的各位。**

本书献给对沟通能力没有自信的你；或者有自信却还想更上一层楼的你。

最重要的是，这本书献给读了超多商务书籍，却认为一切都是徒劳无功的你。

在本书正式出版之前，曾有很多人试读过我的原稿，他们对我的内容做出了一致好评。他们中有学生，有家庭主妇，有编辑、作家和网站主理人，更有退休返岗的老人。试读的读者们有着不同的身份、职业，但他们都在书里找到了自己的影子，接受了书里的总结和教训。

市面上有很多假大空的书，开篇幽默却通篇鸡汤的成长书；也有全文都是大话、空话，还用大号字体凑篇幅来轻松获取稿费的书。这本书和上述的那些"不诚实"的书不一样。

我并没有通篇引用名人名言，以彰显自己是个"知识分子"，也并没有居高临下地要求读者"向我学习"。

正因为曾经不擅长交际而吃过很多苦头，所以从长年累月的"碰壁"和挣扎中，总结出了这些快速提高沟通能力的方法，最后以谦卑的态度写完了这本书。

所以书中记录的，是大多数人都曾遇到过的问题，并没有冗长的赘述，只保留了最精华的部分。这本书虽然很薄，但都是"干货"。可以说，全书最没用的内容应该只有自荐的这几行文字。

读者朋友们在读完本书之后，若能推荐给身边想要提高交流力的朋友们，或者将此书作为写作、交流、媒体素养等相关领域的学习资料，抑或是作为研讨会、演讲等"提高商务沟通能力的教科书"，便是对我这个作者最高的认可了吧。

第一部分

信息传达能力

练习写作、报告、对话，提高信息传达能力

第一章

写作的黄金法则

为什么那个人写的文章谁都不想读呢?

死板文章的三大缺陷和让人想读下去的七大黄金法则

不管是工作还是生活中,我们总有很多时候需要写文章。

不过,很多人应该遇到过这样的尴尬时刻:明明想写一篇轻松幽默、深入浅出的文章,却不知道如何下笔;又或是绞尽脑汁写出来的文章冗长而没有条理,根本没人看。

我认为从人类的历史来看,这种尴尬时刻也是一种必然。

阅读,本来就是一件"反本能"的、需要耗费大量精力的事情。在大约 7 万年前,人类就已经开始用语言进行交流。而文字的诞生也不过 5 千年。我们的祖先已经用语言交流了 7 万年,因此在语音信息处理和文字信息处理二者之间,人类肯定更擅长前者。甚至，早在 5 亿年前，动物就已经进化出视力，因此，图像信息处理，肯定是人类最精通的信息处理方式。

比起经年累月发展起来的听觉和视觉本能，对于很多人来说文字处理能力还处于"待开发状态"。

文字发展的这 5 千年历史是否足够长久，这是一个仁者见仁、智者见智的问题。但不可否认的是，相比于听觉和视觉的进化历程，文字的历史实在短暂。

优秀但文字功底不好的人，其实非常多。

我曾受一家经济媒体的委托，以监修的形式编纂一本关于跨国企业优秀精英的工作技巧和经验总结的图书。

因此，我有机会拜读了十几位优秀商业领袖写的文章，却意外地发现这些文章大多都写得不知就里，不知道想要表达些什么，措辞十分难懂，内容也让人提不起兴趣。

简直是集合了"死板文章"的三大缺陷。

- 文章没有结构。
- 笼统普遍而形而上，缺乏具体性和独创性。
- 不能带给读者感动共鸣和启发。

迄今为止，我有幸和世界上许多一流的商业人士一起工作过。其中有一部分人很聪明也很优秀，但是写出来的文章却极其无聊。这群人的共同点就是对"不好理解的文章"也有超强的忍耐力去阅读。

对于热衷于应试学习的人来说，那些挤满了细小文字的、巨厚无比的资料，都有能够读到最后的忍耐力。

正因如此，他们在写作的时候，也会习惯性地把所有的信息塞进去，无限地增加了篇幅，最后写成了不知道想要表达什么的文章。

但是，对普通人来说，读这种文章是一种痛苦，很快就会弃书而去。如果文章写得枯燥乏味难以理解，最终就不会有人去阅读，那这篇文章就等同于不存在。

为什么那个人写的文章，通俗易懂还很有趣?
"好读文章"的七大黄金法则

明确最想要表达的关键内容和文章的结构是写好文章的重要基础。注意把握具体案例与抽象观点之间的占幅平衡，果断削减多余的文字。

关于写作内容，如果是在自由定题的情况下，从灵感闪现的地方开始着笔非常重要。同时，**将自身的经验教训与读者关注的话题相结合是最重要的。**

在本章中，我们将基于这些黄金法则，来思考如何写出具有魅力的"好读的文章"。

---

① 血清素，是生物体内产生的一种神经传递物质。

<table>
<tr><td>黄金法则
1</td><td>**有表现力的文章比起承转合更重要的是开头
和结尾**
在学校绝对学不到的三个写作方法，为什么我们
写出的文章让人难以理解？</td></tr>
</table>

要写出有表现力的文章，就要在文章的开篇和结尾处点题。

当今社会，视频等信息传递手段已经十分发达，即便如此，相较于其他媒介手段，阅读的高体现在"迅速掌握主题"。

从文章结构来看，要让文章通俗易懂，开头和结尾强调论点就是第一要义。换言之，读者扫一眼开篇和结尾，便能迅速掌握文章的大意（此处的开头和结尾处加了下划线作为强调，后文中会解释这么做的理由，请认真地往下读）。

比起英语，日语本身就是一种婉约暧昧、不易明确表达的语言。比如在英语文章里，不管多长，作者都会通过标题清晰明了地表达出观点，第一页也会做一个内容摘要，其中头 3

行会指出文章的要点。像这样有框架的文章十分多见。

与之相反，如果是用日语写的文章，往往很难找到论点或结论。在学校里，学生几乎没有能学习到实用写作技巧的机会。这归咎于学校总是强调"起承转合"的写作方法，因此很多人养成了像写故事一样写文章的习惯。

但是这样一来，如果不把"故事"完整地读完，读者根本搞不清楚作者到底在说什么。

如果是想写出抒发情感、表达心情的文章，就没有必要被固定结构束缚。

但是，如果是商务公文这种需要传递信息的文章，比起"起承转合"的结构，更重要的是开头第一行和结尾最后一行的点题，让读者粗读之下也能看出整篇文章的大意。

在文章简单易懂的基础上，第二个重点是要讲究"简单概括"。我所尊敬的前任上司，是一个经常要求员工写"执行纲要"的人。即使资料有几百页，也会要求员工能将要点用一页纸概括出来。

而且，概括完之后，上司还会说："把那一页纸的纲要用一句话来总结看看？""既然能用一句话总结，那能用一个词总结吗？"他总能将你步步紧逼到写出概括中的概括这种地步。

我一边想着"100多页的报告资料用一个词来概括，怎么可能啊"，一边一遍又一遍地去重新概括。在这个过程中，我渐渐明白"不能用一个词去概括，那是因为没搞清楚这份资料到底是要传递什么样的信息啊"。

当自己不知道怎么用一个词概括想要表达的东西时，就会把和主旨不相关的东西写进文章里，最后变成内容散乱、让人难以理解的东西。

第三重要的就是格式要统一。脉络清晰、井井有条的文章充满了风格之美。

在接下来的阅读中，也许您会注意到，**本书每章末所有的专栏，都采用了统一的格式。**

另，我将在各章最后的专栏中用 A~D 四个象限来分类说明交流力。

首先，A 象限里简短总结了所有的黄金法则。

接下来的 B 和 C，则是介绍不同案例情况和与之对应的改善方法。

最后，关于两个坐标轴中间情况最糟糕的 D 区域，会将两个方面的改善方法结合起来进行解说。

像这样，是否有一个统一的框架，便是小作文和好作品之间的分水岭。

关于文章的结构，如果大家看过我的作品，就会对这个问题有更深的认识。 比如，前文中所提及的《世界一流精英的 77 个最强工作法》一书中，我尽可能地总结了各个章节的概要，并在文末再次重点强调并总结。并且，用小标题的形式概述每章的核心内容。那本书简直可以作为"概要的教科书""编辑的教科书"来使用，是一本真正致力于高度概括和编辑的书。

而您此刻正在翻阅的这本书也是，将标题、文章的开头和结尾作为概要总结，并将具体事例融合到内容里。为了让您能清楚理解文章的构造，**本节的重点内容加了下划线作为强调。方便您迅速了解每个章节的内容概要。**

所以，阅读的时候，不妨根据每个章节的开篇语句，分析一下本章节即将开展的内容。

像这样采用标题和副标题进行归纳，即便只读了开头和结尾也能大致了解整篇要旨的写作方法，是写出"好读文"的基础。

⟨ 教训 ⟩

　　要明确文章的结构，讲究简单概括和格式统一。

让人容易理解的文章有骨肉相连的均衡感

"好读文"的特征，精炼要点外加案例支持

不能写让人难懂的文章。

如果文章写得让人难以理解就有点得不偿失了。文章写得太长；或充斥着各种案例却不见要点总结；或只有空洞的理论堆砌而无论据支撑，这样的文章不如不写。

要文章更通俗易懂，**第一个重点是，**要写得清晰简洁，字数控制在手机屏幕一页左右，从头看到尾，一目了然。

越来越多的人在手机上阅读文章。在这个信息越来越精简的 2020 年，文章略长一点，也会有很多读者选择放弃阅读。

但即便如此，宁愿用小号字体也不愿精简内容的，也大有人在。最终，他们写了一篇篇冗长至极的文章。

这些人之中，不乏从小用功学习的优秀精英，他们都有攻克无聊文章的超强忍耐力。

所以他们在写文章的时候，会将自己的阅读习惯代入进去，认为大部分的读者和他们一样有超强忍耐力，于是他们的文章堆满了各种"谁会想要读这些"的细节和信息量，最终被读者厌弃。

请一定谨记，像我等一般读者，绝对会在密密麻麻的长篇大论面前，失去战斗力和阅读的欲望。

写出"好读文"的第二个重点是，要明确你想要表达的内容，厘清抽象的论点。

很多文章读不下去的原因在于全文不明重点、毫无主次，只是罗列堆砌了一堆具体事例和实操方法。这种文章没有骨架提纲，只有"肉"。

写出这种文章的人，他们自己都不知道自己想要表达的重点是什么，一般都是想到什么就写什么。

但是我们这些普通读者却是最怕麻烦的，开头读不进去，就会直接弃书了。

因为我是没有能力将一堆没有重点的具体事例瞬间拔出理论高度的，所以更希望作者能通过小标题的形式做出总结，也希望作者能在开篇和结尾明确点题，让我加深了解。

写出"好读文"的**第三个重点是理论高度要有，具体案例支撑也不能少。**话虽如此，还是有很多文章通篇笼统概括，形而上，无法落地。这样的文章只有一个框架，里面却没有一点内容，就像光有骨架没有肉的标本一样。

这样的文章，如果不具备抽象思维或者没有超高理论水平的读者是根本读不下去的。这也是很多高学历者在写文章时容易犯的错误。

因为普通人无法很好地理解抽象理论中包含的具体意象，所以对普通读者来说，这些文章始终都是枯燥乏味的抽象理论。

接下来我讲一个案例。这是不久前和我共事的一位 AI 领域著名教授的真实事例，他本人是一位非常优秀的数据科学家，也是领域内的顶级研究者，聪明绝顶。

但是，他优秀的头脑却并没有让我们的交流变得更愉快，他对事物的描述和说明对我来说都极其枯燥无味，不管我怎么请他给出"更具体一点"的解释，他都只能给出抽象的、类似公式一样的答案。他的脑回路运转的都是抽象的数学公式，因而不能给出让我们普通人更容易理解的具体说明。

还有，我请来的新加坡工程师会像写代码一样写文章，写出来的文章毫无人情味。

为了强调主页上几个重要的地方，我好几次要求他再次强调重点信息，他却冷淡地回复："这些信息我已经写过了。"

他拒绝以不同的表达方式重复强调相同的信息，因为那就像编程错误一样。

不合格的文章要么会有太多重复的具体例子，要么过于抽象，不知道在说什么，但不管哪一种都没有人会去读。

认真勤奋、有超强忍耐力的人，应该注意到普通人没有像自己这样能读完晦涩文章的忍耐力。

包括我在内的普通人是直截了当的，写文章要有和肉一样的具体内容，也要有相当于骨架一样的结构，这样才能有平衡感，才能让人津津有味地读下去。

〈 **教训** 〉

文章要尽可能短小精悍，同时把握具体事例和抽象理论的交织平衡，便于读者阅读。

高质量的文章需要精益求精

一流的文章和雕刻艺术品的共同点是什么？

"武贵啊，要保证写作质量。这个世上有太多低质量的书摆满了书店的书架。这是巨大的资源浪费，不要写没用的文章，也不要出版半吊子的书。"

这是 W. 钱·金教授对我说过的一句话。W. 钱·金教授曾经上榜世界性的经济杂志 *Thinkers 50* 排出的世界经济领域最有影响力的一流思想家榜单。

当时，金教授正要出版他的第二本书《蓝海战略》，距离第一本书出版已经过了 13 年的时间。在其日语版问世的时候，我有幸撰写了书后的附录。那个时候，听说我"出了很多书"的教授用这句话告诫了我。

我也非常认同教授的观点。这个世界上已经有很多不被读者认可的低质量的书，如果还要继续撰写、出版这种让读者读不下去的书，就是巨大的资源浪费。

特别是从造纸对森林的负面影响来看，出版一本半吊子书，怎么说也对不起森林和下一代人。如果被瑞典的"环保斗士"格蕾塔·通贝里瞪着说："你们好大胆！"我想也是没有办法的事。

所以写作时，为了提高文章的质量，我的建议是：**第一，文章要精简，大胆删减没用的内容。**要提高文章的价值和阅读效率，就要写出让读者一目了然的文章，即用最少的文字量承载最高的信息量。所以，写文章的过程中，重要的是要"努力直面反复的大量删减"。

在我提笔撰写本书时，也在初稿完成后删掉了百分之八十的内容，然后重写；二稿完成后，又删了将近一半的内容重写；到了第三稿，也有三成的内容会删了重写。在我的写作生涯中，大量删减文字，已经变成了常规操作。

第二，反复修改，多番打磨细节，也是不可或缺的步骤。就算在出版前的最后一个阶段，我也会修改十几回甚至更多。我总是很执着地去修改不够有张力的措辞和内容。

比如这本书，在我写完 33 个教训之后，会从中选择"现阶段看着最无聊的 3 个教训",将其改造为"最有趣的 3 个教训",然后就是不断重复以上的工作。

在这个过程中,为了使每一页比其他页的内容更有趣,每个句子比另一个句子更有意义,为了措辞更加精准,我会同时考虑几个候选词,琢磨其中的意思,不断地改进。

写出好文章的重点不在于写得快,重要的是要对读者心怀诚意,还要有追求高质量的坚韧意志。

所以,为了提高读者的阅读效率,不要遗落任何一个不需要的专栏、段落、句子,甚至一个字词,通篇都要反复进行打磨。

我认为,对文章大幅删减、小幅修正的过程,就像是一名技艺精湛的雕刻师将一块木头一点点地雕成一个完美的艺术品。

为了提高文章的质量,**需要注意的第三点是,对于细节处理,也不要偷懒**。除了"删减无用的文章"之外,我比较在意很多细节处理。

比如空行的位置,段首缩进,所使用纸张的质量(厚度要不易透字但易于翻页),以及封面设计是否上镜,这些种种我都会细细考虑。

实际上,如果你在社交平台上搜索《世界一流精英的 77个最强工作法》(日文版),会发现很多漂亮的蓝色封面,请你一定要去看一看。

另外,《世界一流精英的 77 个最强工作法》(日文版)用插图来展示各专栏的内容,表现职场的内文图中也充满了男女平等意识,出现了很多女性,仔细看的话 LGBT[①] 也有所展现。如果不仔细看,很多应该注意到的细节可能会看不到。

取下书的封面时,秘密专栏也被隐藏在封面里面。但是,注意到这种细节的人很少,甚至很多出版社和书店的相关人员也都没发现。如果没有注意到也完全没有关系。因为比起别人的评价,更重要的是自己是否做到了最好。

所谓好的文章,绝不能像考试中的阅读理解题目,需要读者拼命地去读去解释晦涩的文本。要怀着对读者的感谢和敬意,时刻反省"这一句话真的值得读者花一秒、一日元吗",彻底删减无用的内容。

还要注意细节,不断打磨,时刻谨记从细微处提高文章的品质。

< 教训 >

删减不必要的内容,不断修改打磨,关注细节质感。

———————————————

① LGBT,即性少数群体。

肾上腺素和血清素（激情）催生出成熟的文章
有趣的文章需要树立作品形象

要写出有趣的文章，文字中的作品形象和启迪是非常重要的。

为了丰富作品形象，**第一重要的，当然是自己要积累有趣的素材**。例如，我在"东洋经济在线"网站以人气第一的连载专栏"全球精英们都看到了！"出道的时候，每一天都充满了刺激和感动。

那时我在法国留学，是欧洲工商管理学院的学生，因此我能够脱离公司的束缚，诚实自由地写作。每天，我都能从世界各地有趣的朋友那里学到一些独特的东西。我以一年140

篇的速度写专栏，因为我有很多想写的东西。

第二，用文字再现现场感。

在我从欧洲工商管理学院毕业的时候，我们曾各自指明朋友为自己撰写人物小传和评价，而我则负责最后的整理工作。

结果，当时我的文章因文情并茂而广受同学好评，随后不得不为 60 多名毕业生一一写一份人物小传。

甚至，下一届毕业生（一个印度学生）听说了这个事，也要求我给他写一份人物小传，天知道我们素未谋面。

即使只是一份五行文字的介绍，我也需要灵感。所以我在电话里和对方聊了一个小时左右，然后获得灵感写了人物小传。

文章是通过文字来帮助读者在自己的脑海中重塑形象的媒介。因此，如果作者在心中没有勾勒出丰满的形象，就无法文情并茂地传达给读者。

第三个重点是，传达意象的文字需要一段"发酵期"，写好之后，可以先把它放一放，过段时间再一次冷静地重新审视它。

这就是那么多人深夜发送示爱或者泄愤的邮件，第二天清醒过后必定懊悔不已的原因。

特别是，陷入热恋，眼里只有彼此的时候，就会很容易在深夜突然发送"无论发生什么我都要保护你"这种在平时看到会脸红心跳的文字。

然后不出所料，她内心深处会想："我的人生平和稳定有什么需要守护的……你先守护好自己暴走的情绪吧……"所以千万三思而后行。

说到这里，我想起了十多年前的一段痛苦记忆。那时，我还在某外资金融机构工作，某个深夜，在办公室里发生了一件过于苦涩的"情书误送事件"。

二十出头的我，还醉心于恋爱，当时留在办公室并不是为了工作，而是给刚刚把我甩了的前女友写了一封情书，以期能挽留她的心。

但是，可能是因为工作太累导致精神不济，一不小心把邮件发给了瑞士总部的经理。而邮件中还写着我仍然爱她，并且想要回到她身边这种话。

这狗血的剧情展开，瞬间让我感受到了血液逆流的滋味，不断检查是否真的发错邮件。但是"已发邮件"揭示了残酷真相：我把情书发给了总部的领导。

因为困倦，错把"羞羞"的情书发给公司高管，还有比这更令人尴尬的失态吗？

被情绪推动写作时，身体会充斥着肾上腺素（让人兴奋的激素），而缺乏血清素（控制情绪的激素）的调节，容易写出情绪过剩、令人"羞耻的"文字。

因此，在写文章的时候，要以灵感为起点尽情书写，在时间充裕的时候，像等上等的熟成肉①一样让它发酵。

想要用文章传达感情时，切记，捕捉每个涌现的感情浪潮，同时不忘以冷静的眼光来检查文章的情绪平衡。

┌─〈 教训 〉─────────────────────────────┐

撰写传达感情的文章，下笔前要重视自身体验或面见交流，以获取灵感；下笔后要重视维持平常心，冷静编辑每一段文字。

└──────────────────────────────────────┘

---

① 熟成肉，指将新鲜的肉类放在指定的温度下自然发酵，使其更具风味、更柔软易嚼。在日本较为流行。

黄金法则
5

点击量高的文章的三大特点：时效性、贴近每个人的工作和生活、一般共识和深度内容的平衡性

在线专栏点击量破亿的经验

　　只有把自己写的内容与大多数人感兴趣的话题联系起来，才能吸引更多人阅读你的文章。

　　除非你有大量的粉丝，无论写什么他们都乐意支持；又或者曾经做过感天动地的壮举，人人称羡，不然在这个信息过剩的时代想要写出一篇"被很多人阅读的文章"并不容易。

　　根据我在各种经济新媒体上连载并最终突破一亿点击阅读量的经验，总结出"需求量大的文章"的三大特点。

　　点击量高的文章第一个特点，就是要有时效性。前文中介绍过我的连载专栏"全球精英们都看到了！"，这个专栏之所以会有几千万的点击量，我认为是因为我在这个专栏经常写到一些热点话题，时效性很强。

不管怎样，正因为有了马上就会登上专栏的心理准备，泷川雅美的"热情好客演讲"（关于东京奥运会的）才会在当时成为热门话题。之所以能成为"热门话题"，就是因为在那个时候会有很多人关注。

点击量高的文章第二个特点是"有一个贴近每个人生活和工作方方面面的话题"。例如，我所写的《世界一流精英的 77 个最强工作法》以 6 种语言在不同国家出版。因此，不仅收到来自日本的来信，还收到来自中国、韩国、泰国、马来西亚等多个国家读者的来信。

虽然国家和语言不同，但在工作中遇到的问题是相似的。因此，越是以身边的题材来写作，就有越多的人把它当作自己的事情来读。另外，从 2016 年到 2017 年我在"东洋经济在线"上有个有压倒性阅读量的专栏——"金武贵的最强工作法"，俗称"暴露缺点"。

这个专栏没有热点新闻，但是却有像"午餐""便利店""聚餐""电梯"等，贴近每个人工作和生活的话题。尽管内容短小，但点击量还是以绝对优势排名第一。

第三个特点，出乎意料的是"写下明摆着的、理所当然的、达成共识的事情"。这是我尊敬的编辑中里有吾说的，他说的时候我还是半信半疑的，但是如果内容高度太高，就会被认为是"和自己的世界不一样"，大多数人就会不读了。

当然，如果全是"30年后的自己，会再老30岁"这种话，会被批评"没什么新鲜感"。

共识和有深度的新鲜内容之间的平衡和配合也很重要，总的来说"共识占八成，有新鲜感的内容占两成"就很不错。

这当然是有依据的。许多人寻求的是同理心，而不是教训。

读者喜欢在看文章的时候有"我也这么想"的共鸣感，所以若文章写的都是"我完全做不到"的事情，会让读者感到失落。没有人会喜欢看这种文章。

所以那些媒体的电视评论员为了赚取收视率，只会说可能会被观众赞同的"理所当然"的话，这也是可以理解的吧。

当然，根据读者的类型和写作目的，这种平衡比例会发生变化。

但是总体来说重要的是，为了让你写一篇能被广泛阅读的文章，你需要把自己感受到灵感的关注点放到时效性和"贴近每个人生活"上来，并且在写作时让一般共识和比较有深度的内容保持平衡。

> **＜ 教训 ＞**
>
> 　　为了写出能被广泛阅读的文章，要将想要传达的内容与热点话题和贴近每个人工作生活的身边事联系在一起，在一般共识和有深度的内容之间保持平衡非常重要。

第一手资料的有无决定这篇文章是否有说服力

商务图书大奖赛中获奖的畅销书和完全卖不出去的迪士尼相关书的区别

不仅仅是文章，所有信息的传播都需要"经历过的人以实际经验为基础的说服力"。在社交网站十分发达的时代，很多信息都可以轻易获得。

但是，在这样一个大家都能发布信息的时代，抽象理论很难有独创性。即我们经历过的独一无二的具体体验，除了自己没有人能写出来。

提高说服力第一重要的是，根据自己经历的事情，写出独一无二的内容。

我之前的作品《世界一流精英的 77 个最强工作法》，在

2017 年翔泳出版社举办的商业图书竞赛中，从 3000 本书中脱颖而出，荣获大奖。

这本书总结了我的实际工作经验，这些经验是我在不同国家、地区的职场工作时，与上司、同事和下属的实际沟通碰撞中得出来的教训。但是，如果这些案例经验，只是以抽象的概念总结出来，就不会有什么说服力了。

不管怎么说，我在中国香港、法国、新加坡等地的生活、工作经验和遍及世界 80 个国家的朋友的经验，能与日本商务人士的兴趣相关联，并且我幽默地写出来了，这种"经验者第一视角论述的说服力"是很有效的。

因为全部都是以具体的个人经验为基础的，所以即使是同样的信息，"经验者有根据的说服力"也是有价值的。

正因为有着独一无二的经验，通过体验而得到的理解和信息成了亮眼的内容，再经过优秀编辑中里有吾先生的打磨，终于成就了相关连载专栏一亿次的点击量。

在提高说服力方面，第二重要的是要详细介绍"真实的声音"。

在《这样教孩子，将来他会感谢你》中，80% 以上的理论和教训，都是大家早已知道的道理。

但是，因为书中还收录了超过 200 件的具体案例。有了

"这样教孩子，将来他会感谢你"的家庭教育事例作为论据，这种独创性使得本书在出版的 5 个国家都成了畅销书。

针对这 200 个家庭教育的"真实的声音"，该书的合著者、有着多年儿童教育经验的南瓜女士，在书中论述了自己的育儿体验和独特的观点，这也是许多读者感兴趣的地方。

在这里，重要的不是根据结论的需要来收录、编排"真实的声音"，而是根据真实的声音进行分析并思考结论。

提高说服力的第三个要点，是绝对不要写"比起自己，还有很多人更了解这个领域"的话题。

迄今为止，在我写的书中，唯一一本销量低迷的书是《50条最强的迪士尼工作魔法》。这本书让我深刻地领悟到，没有在迪士尼的实际工作经验，笔头功夫再好也都是白搭。

事实上，这本书是我写得最辛苦的一本书，也经过了出版社精心的打磨、编辑，即使到现在，我对它的内容仍然信心十足，但它的销量却实在不尽如人意。

写作期间，出于调研目的，我曾多次独自一人穿梭在迪士尼乐园。一边朝着比迪士尼迷还要了解迪士尼的方向进化，一边用尽全力去写书。直到现在，我依然能够迅速找到隐藏米奇，对社交网络上的网红打卡角落也都了如指掌。

但那又如何？这样一本"虽然没在迪士尼工作过，但是从中学到了什么"的书，我自己都会觉得不够有说服力。

我预料到这本书的评论区会有很多负面评价。当我看见"挺喜欢他以往的书，但是这本真的不行。真把自己当作家了"这一条时，并没有生气，反而因此变得更加谦虚谨慎。

没错，我写书不是为了趣味性。我不禁反省到，把自己在全球工作中得到的第一手资料和大家分享，将学到的东西总结起来写成书才是我的目的。

根据自己的经历、体验写下自己的感受，是基础中的基础，是提高我们文章说服力的最重要的一步。

即使是那些听起来抽象的理论，你也可以与具体的经历相结合起来，从而创造出令人信服的独一无二的内容。

＜ 教训 ＞

写文章的时候，要加入自己独特的体验和感动。第一手资料作为说服力的基础，对文章来说十分重要。

寻找写作动力的三大点

"体育和我"这个主题的 4 万字报告中的教训

动力不仅仅是"写作"的起点，也是所有工作的起点。重要的是，你必须运用想象力来激励自己，看看你的工作能带来什么样的意义。

尤其是那些不情愿时写的文章，总会从字里行间透露出勉强的感觉。

为了提高写作动力，第一重要的是，从决定写什么开始就要积极开启写作之路。

我所尊敬的 W. 钱·金教授是一位世界级畅销书的作者，就像他的作品《蓝海战略》中提到的，大多数人都想发挥自己的创造力。因此，面对上级强加给自己"服务描述""商品介绍"等写作任务，自然不会产生强烈的写作欲望。

世界上大半的文章都是很无聊的，恐怕是因为那些文章是在不情愿的情况下写出来的，也完全没有能引起共鸣的内容。

第二重要的是，如果文章的内容已经规定好了，那么一定要写出"简单易读"这种附加价值。

当我被要求写一些枯燥乏味的材料时发现，"准确描述、迅速提报"就是认真完成工作的表现。

同时我认为，即使要写的内容已经决定好了，想着"至少写得有趣一点，简单易读一点，写一篇有匠心的文章"，就会让我情绪高涨。

比如说，我在写书的时候，在草稿的阶段，我总是不自觉地一遍又一遍地读，并且反复修改。

但是，完成的书出版以后，我自己却一次也没读过。

这是因为，我的动力来源于要写出好的内容，就算只有一点也好，我也可以写成一本简单易懂的书。也就是说，一旦书出版问世，就再也修改不了了，所以我也不再读自己的书了。

提高动力的第三个重要方面是"让自己处于不得不努力的境地"。

说来惭愧，大学时代，因为偷懒没有上交 4000 字的体育课作业，导致最终学分少一分，我差点就无法毕业。

如果学分没补齐，我将失去在那个就职冰河期好不容易拿到的外资投资银行的 Offer，而且在接下来的半年里，我必须继续上学并支付学费，就为了拿这一个体育课的学分。

我实在无法承受这样的结果，于是想尽一切办法请求学校宽大处理：虽然没有学分，但还是作为志愿者参加了体育课的全部课程；不坐车站到学校的公共汽车，每天跑步过去，刷存在感；去拜访学校领导，请求弥补过错。

最终，在各种斡旋之后，我得到了一个可以弥补这一学分的机会——手写一篇 4 万字的体育课论文。

"体育和我"——一般情况下，没人会为这个主题写出 4 万字。

但是，考虑到如果不这样做便得不到学分、将会失去什么以及要付出多少代价，当时的我真是使出浑身解数，抱着不写完不罢休的精神奋战到底的。

这段经历作为我人生最大的创伤铭刻在脑海里，实际上在此后的很多年里，"体育学分不够就留级"还经常出现在我的噩梦里。

让我不好意思的是现在噩梦还在继续。不知为何，即使从商学院毕业 10 多年后，我有时也会梦见因为体育课没拿到一个学分而取消毕业。

即便如此，一篇完全不想写的文章，一旦与毕业证书、学费和第一职业生涯挂钩，就足以让我的写作动力指数至少飙到文章字数的 10 倍以上。

这与其说是"鞭策自己"，不如说是被逼入了绝境。

但是，人一旦认识到自己处于危机的状况，就会对无聊的工作充满干劲。

如果你完全没有写作的欲望，却被迫写作，那么让我们来看看这种"写作"会有什么样的潜在后果——

如果不情愿地写下来，文章里就一定会流露出这种态度，所以千万要小心。

> ⟨ 教训 ⟩
>
> 让我们想象写作的各种意义和可能性，并提高写作的动力吧。

重新学习写出有表现力的文章

用晦涩难懂的措辞包装那些并不想表达的内容？不要再写这种"羞耻文"。

虽然前文中我自信满满地总结了诸多经验教训，但像我这样曾经不擅长写作的人恐怕不会有第二个。

重读小学的毕业纪念册，当时的写作水平烂到连我自己都想取消自己的毕业资格，给自己一个退学处分。对于当时连400字方格都没能填满的我来说，若听到有人跟我说"将来你得写书赚钱"，肯定会悲从中来，感叹自己为什么要走这一条"不归路"吧。

但是，我们原本就薄弱的写作能力，使我确信学校的语文教学也存在很大的问题。

放在以前那种上情下达的时代，拼命解读不知想说什么的现代文，这样的测试，或许也是有意义的吧。

此外，由于没有互联网，普通人也没有机会发布信息，因此写出易读的句子不像现在这样重要。

但是在2020年的今天，社交网络的发展导致信息传播的机会急剧增加，所以内容提供方的价值也在不断提高。

因此我坚信，语文教育不是学习如何刻苦解读难读懂的文章，而是把想要传达的事情变成直截了当、有结构性的文章的教育，只有这样，全社会所需要的"沟通能力"才会得到极大的提高。

本章讨论的内容是我在"写不出来的时期"中，经过长时间的挣扎后得到的写作方法，因此我希望本章内容对于那些不擅长写作的人来说是一个很好的参考。

最后，我们将本章所学到的七条黄金法则的重要精髓分配给以下两个轴，来回顾"写作方法"矩阵各象限的特征和改进方法吧。

写作能力检验矩阵

容易读懂

| C | A |

没有想要传达的东西 ———————————— 有想要传达的东西

| D | B |

不容易读懂

两个轴分别代表——

- 容不容易读懂
- 有没有想要传达的东西

【A】容不容易读懂○

有没有想要传达的东西○

为了使文章更容易阅读，在结构和概要上的讲究是很重要的。

巧妙地将具体例子和相对应的抽象要点交织在一起，明确地传达出你想表达什么。最后是彻底删减文章中没用的内容，以讲究一字一句的匠心文章为目标。

至于内容，如果你可以自由选择主题，带着"我想告诉你这一点！"这样强烈的想法，写一篇与读者的兴趣联系在一起的文章吧。

同时，加入自己的独特体验和感动，拿出原创性，才能写出具有附加值的内容。然后，激励自己，让自己对写作充满乐趣。

【B】容不容易读懂×

有没有想要传达的东西○

"我想告诉你这个！"有这样强烈的想法，也有植根于独特经验和感动的内容。然而，让人不易读懂，这是令人遗憾的。

想说的话很多，但是文章没有结构，内文和主题没有关联。就算写得有意思，也会出现与主题无关的话题，乱七八糟地混在一起，无法协调。此外，还有许多不明确的例子，以及一些不明确的抽象理论从而使得文章更加枯燥乏味。

处于这种状况的人，要先读文章主线的结构，检查是否能传达大意。然后毫不留情地删减"与想传达的事情无关"的内容，做到能用一句话来概括主要内容。只有用一句话来概括，才能凸显出不应该删减的内容。

【C】容不容易读懂○

有没有想要传达的东西×

没有特别想告诉别人的事情。但是为了钱，他们就会开始传播"符合需求的内容"。由于文章简单易懂，表达能力又强，它们可以获得大量的点赞和转发。用夸大其词的标题和头条来赚取点击率。

这种滑稽可笑甚至错误的内容，荼毒了很多人，写这些内容的人实在是太坏了。如果一篇文章只是为了夺人眼球，那这个目标可以说很低级了。

在这种情况下，既然你有能让人读下去的写作能力，就应该考虑一下内容本身的价值，而不是一味追求点击率和转化率。考虑把写作能力用于有建设性的文章上吧。

【D】容不容易读懂 ×

有没有想要传达的东西 ×

那些难以阅读的文章，就是作者敷衍地写自己不想写的文章。这种令人尴尬的文章，跟我大学时期为了弥补体育学分写的《体育和我》这篇"谁都受不了"的数万字手写报告如出一辙。

但是，由于完全没有人去看，也没有人点赞或者转发，因此对他人没有任何伤害。所以，与C相比，它对社会的影响要小得多。

只是，因为这类文章多数都是硬性任务，文章处处不免流露出作者的负面情绪，请务必控制自己的情绪。

令人无奈的是，这类型的文章，不仅让写作者深感痛苦，也让读者望而却步。

这种时候，即使话题本身无趣，也要尽量想象这篇文章的意义和可能性，至少为了让内容更通俗易懂加把劲儿。

第二章

做报告的黄金法则

为什么那个人的报告能让所有人睡过去？

做报告的三大问题和七大黄金法则

Presentation 报告演讲，对所有商务人士和学生来说，是重要的传递信息的机会。但是，却有很多人对此有畏难情绪：在众人面前会感到紧张、会纠结到底说什么比较好、担心听众的反应、没有信心能说出有趣的话，等等。那么，我为什么要和大家讨论这个主题呢？

在我几十年的人生里，曾经做过无数次的 Presentation，在不同的时间，在不同的地点，积累了很多演讲、报告经验。初高中时期开始，我就一直担任学校各项庆典、活动的主持。在大学的研讨会上，虽然研究内容枯燥无味，但是我那夹杂着幽默趣味的发言受到了大家的好评。在中国北京大学和美国斯坦福大学短期留学的时候，我也曾作为留学生代表用汉语和英语进行了演讲。

在来自世界 80 个国家的同级生聚集地 INSEAD 欧洲工商管理学院，我也当选为毕业生演讲代表之一。

自打踏上社会以后，我在咨询公司、投资银行、私募股权基金、MBA 等行业有过很多进行路演的机会，也曾被路演高手无情碾压过。因此，我从中得到的经验就是，优秀的演讲是要集各家所长。

事实上，我在中国香港、法国和新加坡的私募股权基金报告大会上，有两次被选为最佳演说者。

在"工作方式改革和 AI"研讨会，以及在多个国家的许多企业内部演讲会上，除了众多的专家，我的演讲也经常受到听众的一致好评。

甚至，到目前为止，我以婚礼新人的亲友代表身份发表致辞 20 次，其中有 19 次取得了巨大的成功。

我这样骄傲地写了这么一长段，读者肯定会觉得"没什么大不了的，有什么好骄傲的"，甚至让人有倒胃口的感觉。但是，这只是为了说明连我这样不擅长做报告的人，也能从失败中吸取教训，一步一步走到今天。

这些例子，也只是为了激励讨厌做报告的人们而分享的，也请读者多多包容我的"任性"。

事实上，我的这些演讲小贴士，正是因为自己不喜欢听人演讲而慢慢摸索出来的。因为我生性散漫，听报告的时候特别容易走神，就算报告的内容非常优秀，但若听上去很无聊，会立刻失去注意力，开始走神，脑海里会想象自己喜欢的职业摔跤手的打斗、漂亮的热带鱼在灵活地游来游去的场景、自己一直以来想要入手的椅子。

作为一个糟糕的听众，我对报告的要求很高，因此从中发现"即使是像自己这样不认真、不耐烦的人，也会愿意倾听"是优秀演讲报告应具备的基本特点。在本章中，我想分享一下这种做报告的秘诀。

让人容易睡着的报告，有着和死板文章相似的三大缺陷。
- 缺乏无论如何都想传达的独创性内容；
- 一味地说让听众提不起兴趣的话题；
- 报告没有概括出要点，而且枯燥乏味。

最坏的情况是，演讲者说着早已听厌了的话题，甚至都不会注意到已经讲偏了，就像没有感情的读剧本机器只会机械性地读下去。这种类型的人多数是公司领导层。

他们没有意识到自己在说多余的话，因为公司里很少有人会指出领导的问题。员工只能绝望地看着手机屏幕，等待漫长的时间过去。

我在某外资投资银行工作的时候，有一次参加来自伦敦的全球负责人的讲座，当时坐在了第一排，结果在领导的眼皮底下睡着了，最后被骂了一顿。可是，我本来就因为连续加班导致睡眠不足，居然还要听这种超级无聊的演讲，应该算是职权骚扰了吧。

其实组织者不如事先分发资料给我们阅读，或者把录好的讲课视频发给我们看，这样做肯定会更好。

为什么那个人的报告，有着吸引人去听的力量？

顶级演讲人的七大黄金法则

我的恩师庆应义塾大学的竹中平藏教授、我的导师欧洲工商管理学院的 W. 钱·金教授、曾经采访过的投资家吉姆·罗杰斯等，这些世界级的演讲者，都有一个共同的特点。

那就是将自己想传达的东西和听众关心的事相结合，演讲的时候谦虚但又充满自信，而不是流于形式，说一些零散且无用的东西。

此外，开门见山说出报告的目的也很重要，这样听众就不会忘记最重要的信息。

我在演讲的时候，也会开门见山说出要点，告诉大家，"我要讲一小时，如果你记住了这三件事，那么其他的你就可以忘记了"。

听众听到就会想"哦，只需要记住三件事"，他们就会有兴趣想听报告。而我，则可以在脑海里回顾梳理想要传达的重点。

像这样"有表现力的演讲报告"，包含了谁都可以去尝试的基本要点。在本章中，我们将解释做报告的 7 个黄金法则。

黄金法则 1　比起形式更重要的是想表达自己内心所想的欲望

黄金法则 2　想传达信息就要和对方实际的情况联系起来

黄金法则 3　让对方产生信赖感需要谦逊地表现自己的自信

黄金法则 4　转变态度——99％的报告都是无意义的

黄金法则 5　准备资料要全面，并记在脑子里

黄金法则 6　能吸引别人的话题一定要和报告主题相互联系

黄金法则 7　提高报告的价值，要考虑听众的"机会成本"

比起形式更重要的是想表达自己内心所想的欲望

庆应义塾大学辩论部的演讲比赛上"意外获奖"

在自由选择话题的时候，对所有的报告来说最重要的基本是，问清楚自己本来最想传达什么。

在日语中，"speech"被翻译成"演说"，我想应该会被误解为"边表演边说话"吧。创造出"演说"这一翻译词的是福泽谕吉。庆应义塾大学辩论部也是日本历史最悠久的学生辩论团体。从历史来看，庆应辩论部的演讲会是在戊辰战争（1868年）的时候建立起来的。

虽然我在学生时代并没有参加辩论部，但曾受到运营辩论大会执行委员会的后辈的邀请，参加了2000年末的辩论部纪念大会。

其他的参加者穿着明治维新时期的"演说家"的服装，一副兴冲冲的样子登上了讲台。他们都大声疾呼，用夸张的语言进行演讲。

那时，我虽然知道我没有察言观色的能力，但是我还是讲了我最想讲的东西。

"因为'speech'被翻译成'演说'，所以很多人都会误解为'边表演边说话'吧？今天在辩论大会上的演说，像是表演传统节目，虽然扣人心弦，但关键的'必须要传达的内容'都不能说得简洁明白。比起表演式的发言，不如说明'想表达什么'，并且能够简单、诚实地表达自己的观点更重要。"我坦率地对辩论部提出了批评。

顺便说一下，那个时候辩论部的人递过来"期待你的表现"这样的字条给我加油。而在那之后不久，尽管他们总被我这个"被期待的辩手"抱怨、批评，但也一如既往地为我鼓掌喝彩。我到现在还记得那时感谢而又茫然的复杂心情。

另外，这场回老家前顺便参加的比赛却意外获奖，虽然我的演讲尽是一些批评的言语，却获得了专家的好评。在那个当下，我深感在演讲的时候，一定要说真话、实话，要掷地有声地说出心里想要表达的内容。

顺便说一下，这件事带给我职场生涯深远的影响。那就是在推销产品时，如果不能真正相信自己的产品和服务足够优秀，那么是无法完成有效销售的。

如果你想要向顾客推销产品，自己却觉得"其实没什么大不了的东西还能卖这么贵"，连自己都说服不了，又如何能说服得了别人去买呢？

这就要看自己有没有自信去推销这款产品或服务，或者你可以在能做到这一点的公司工作。

老实说，有了无论如何都要诚实表达的意愿，即使是朴实的言辞也胜于雄辩。

说到这儿，我想起了在我学生时代参加的韩国庆熙大学的短期项目后的演讲。虽然彼时我才 21 岁，但口才还算可以，被指定发言的时候，虽然有些害羞，但我想着一定要"说些令人感动的话吧"。

但是，我在演讲的时候，用力过猛，"咬文嚼字"而非真情流露，最终效果浮夸，演讲失败。

然而，在我之后，是所有参加者中最沉默寡言、最不善交际、还有点木讷的前辈，他憋了半天，最后鞠躬深表感谢，虽然语调含混，但令在场的人都十分感动。

然后，他因自己口才不好，所以表演了一段钢琴演奏。乍看之下土里土气、沉默寡言的男孩，朴实寡言的道谢和大气绝妙的演奏，形成了鲜明对比。那满场的欢呼和掌声，我至今记忆犹新。

演讲、报告的目标有很多：提供信息、激励他人、表达感谢、号召呼吁，等等。但是，比起夸张的演出和耍小聪明的技巧，毫不装饰的真诚才是重要的。

发自内心的真情流露，往往胜过充满技巧的雄辩。

⌐ **教训** ⌐

　　考虑一下您真正想要传递的内容，并真诚地表达。真诚比雄辩更重要。

想传达信息就要和对方实际的情况联系起来

投资公司的老总竟然不会做报告?

"What does this mean for you ? (我所说的内容,对你来说有着什么样的意义呢?)"——这是英语演讲中经常能听到的话,能将自己的演讲内容与听众联系在一起,是非常强大的一句话。

不管你准备得多认真,如果不能说出对方关心的痛点,就不是一次"吸引人的演讲"。在信息爆炸的今天,如果你尽说一些别人不感兴趣的话题,很快就会令人失去兴趣。

为了让听众认为这是在讲"和自己有关的事情",**第一重要的事情是要让他们知道你了解他们的需求。**

特别是,现代社会的忙碌,使得人们不想在不靠谱的演讲报告上花时间，所以，在我们演讲的时候，首先最重要的是获取对方的确信，让听众知道我们的演讲内容和方向都很中肯，值得一听。

有一次，我曾在某大型全球企业的董事会上做报告，那场董事会聚集了该公司在世界各地分公司的首席财务官。在正式做报告前，我特意联系了该公司的一位与我相熟的高管，开了个预备会。

通过这次预备会，我了解到管理层感兴趣的话题是什么，其中蕴含着什么样的价值和问题，他们公司内部又有过什么样的讨论和评判，等等，针对这些问题，我做了详尽的准备。

在做报告的当天，我对他们说："我知道大家对这个话题很感兴趣。所以，在接下来的报告中，我将针对这个话题详细展开，与大家分享我的一些认识。"这样听众就会集中注意力倾听我的报告。

虽然那场报告面向来自全球各地的分公司高层，但是一旦找到了对方关心的话题，搭配有附加价值的信息，什么样的听众都能轻松俘获。

为了让对方听你的报告，**第二重要的事情就是先解释一下你的报告和对方有什么关系，然后再将每一个报告联系起来。**

有一次，我将海外某大型投资公司的总裁引荐给某国政府官员，然而在见面会上，总裁一味地谈论自己公司的魅力和投资战略，完全无视了政府官员想听的内容，让我这个介绍人尴尬不已。

政府官员满脸"这次会面对我来说有什么意义"这样的困惑，但那个总裁丝毫没有发现，还在夸夸其谈地对初次见面的政府官员说着应该对公司员工和投资人说的内容。

这时我适当地插了一些话进去，就是为了帮助总裁重点说明他的公司对这位政府官员的工作有什么帮助。这种失败的演讲在"公司内没有人敢提出异议的"高层演说中相当常见。

做报告重要的是了解对方对什么感兴趣，并做出与之相关的报告。

为了让对方听你的报告，**第三个重要的事情是根据对方的理解水平来调整你的内容。**

我感到非常荣幸的是，我曾被邀请参加竹中平藏教授的大学课程，这里有不同国家的留学生，所以我会用英语讲课。因为现场还有不擅长英语的日本学生们，每个人的英语能力和经济、金融话题的理解力也不同，所以这对报告人的能力来说也是很大的挑战。

那个时候，英语不太好的学生一般都会坐在教室的后排。所以当我走到后面的时候，有时会用日语翻译。这是为了照顾到英语不灵光的日本学生们，我不会因为听众不懂英语就置之不理。

此外，报告内容也会根据听众来进行调整。面向大学生时，我更有意识地倾向"身经百战"的实际案例，围绕投资银行、公开股票投资、私募股权投资基金等企业中的自身经验为基础传达切身经历的教训。

然后，通过将这些教训与学生关心的"与学生自己的职业生涯和人生有怎样的关系"相联系起来，突出我与其他金融、经济专家的差异化特征。

做报告的时候，要将自己的演讲内容和听众的需求联系起来，并根据听众的水平调整内容。同时，展现诚意也是非常重要的。

⟨ **教训** ⟩

考虑一下听众的需求吧。在了解听众的需求后，把报告内容调整到和听众的理解水平相匹配的程度吧。

让对方产生信赖感需要谦逊地表现自己的自信
若想做报告的时候让对方产生信赖感，首先要做适当的自我宣传

　　除了信赖的人，别人说的话都不想听，这是人的本性。在做报告的时候，让听众有"这个领域的问题，只想听你讲"的意识是很重要的。面对自己关心的话题，人们往往有这样一种思维惯性——想听业绩第一名、权威人士，或者无论知识结构还是实战经验都实力碾压自己的"行业前辈"的理念分享。

　　因此，在演讲、路演、做报告的时候，想要获得听众信赖感，**第一重要的是要展现作为"该领域佼佼者"的权威**。当然，这其中不乏虚张声势的骗子，但如果真是佼佼者，就好好说明一下，让对方产生信赖感吧。

以前，我曾为某家日本大企业组织人工智能相关的研讨会，当时我邀请到领域内的一位数据科学家朋友，这位朋友在世界顶级大学获得了博士学位，并在该领域做出了不俗的成绩。

身为挪威人的她不知从哪里听来的"日本人把谦虚当作美德"的传闻，于是在报告一开篇她就说："关于人工智能，大家都已经很熟悉了，我觉得我的话可能没什么大用处……"

整个做报告的过程中，她一直不停地自我贬低，这导致她的权威大打折扣。

因为人们想从该领域的权威那里听到最新的研究成果等信息，所以演讲者应该自信地说明"自己是值得信赖的佼佼者"。

在获得了信赖感以后，**第二个重要的是，就算对方错了，也不要用傲慢的态度对待对方。**接下来的这个案例，是一位曾经在高盛和日本某大型银行都担任过高层领导的"人物"，作为创业者在投资者面前路演时候的故事。

他不停地谈论自己是如何走到现在的，拿着过去的荣耀自吹自擂，听得大家都失去了兴趣。

而且，他说的这些经历和创业项目并没多大关系，"就让这么厉害的我来给你们上堂课吧"这样一副很了不起的"昭和作风"，也让刚刚起步的千禧一代望而却步。

过分谦虚也不行，相反，自以为了不起高高在上地说话也是不好的。展示出"也许别的不太行，但是就这个专业而言，有自信可以说好"这样谦虚的自信是非常重要的。

第三个重要的是，**平时就要有"自己是某个领域的佼佼者"这样的品牌定位**。最好做到"还没开始自我介绍，只听到自己的名字，就会让别人想到什么"的程度。

换言之，重要的是要考虑当人们有什么样的需求时，能想到向我们寻求帮助。

为此，让我们来考虑一下自己的话题标签，类似于"要做什么事就得找某某人"。假如你用谷歌搜索自己的名字，用三个什么样的词搜索，能让你自己排在最前面呢？

就拿我来说，我有"投资（公开股、私募股）""企业创新指导（引进蓝海战略和海外人工智能·区块链企业投资指导）""国际人才选聘·教育"等许多话题标签，所以我只会偷着笑着对看到这里的读者朋友们说，要"关注自己的个人品牌"呀。

总而言之，我通过四种语言（日、韩、中、英）、20 年的全球职业经验以及 80 多个国家的人脉关系，来帮助这 3 个领域的公司实现全球化。

不管怎样，报告中最重要的因素之一就是赢得听众的信任，要做到这一点，就是保持谦逊的自信，并让他们认为你是这个领域的佼佼者。

> **〈 教训 〉**
>
> 　　让我们表现出谦逊的自信，同时让自己成为"某个领域的佼佼者"吧。

黄金法则
4

转变态度——99%的报告都是无意义的

不输给紧张感的 3 个技巧

在做报告的时候，演讲者的"不输给紧张感"的自信也很重要。

一般来说，"不擅长在许多人面前说话，会紧张"的人有很多，但是这绝对不是一个需要害羞的事。根据美国斯坦福大学 MBA 的一个教授的调查来看，就算是给人"喜欢演讲"印象的美国人，也有九成以上的人勾选了"在人面前讲话会紧张"这一选项。

那么，怎么才能不紧张，才能在别人面前沉着地说话呢？

我曾经也是一个在做报告前会紧张的人。但是现在，我掌握了这 3 条技巧以后，就能做到沉着地说话。

做报告时，为了不让自己紧张，**第一个关键点是认真做准备，做到"这个话题，我可以说出具有独特附加价值的内容"的自信。**

做报告时非常紧张，或是没有自信的其中一个原因，是"无法将自己独有的宝贵信息传递给听众"的不安。要想去除这份不安感，就要好好准备，达到"也只有我能说出来这么新颖独特的理论"这样的状态，除此之外，别无他法。

就像前文中所提到的那次某大型跨国企业的董事会，将全世界各分公司的高层聚集起来，组织一场两个小时的会议，并在会议上分析世界市场形势。刚接到这个委托时，我十分头疼。因为从世界各地过来的董事们，才是对各国市场形势更加了解的人。

于是，我用了两个星期的时间，给其中最主要的 15 个国家的朋友打电话，每个人一个小时左右的电话会议以做信息收集。然后，根据这些信息进行了全面的分析，最终做成了报告。

通过给各国的朋友打电话收集信息，将得到的信息进行彻底分析，我会想"从单个国家来说，听众可能比我更了解情况，如果放到国际范围来横向比较，肯定是我更加了解""在过去的两个星期能做到这样的，除了我，大概没有其他人了吧"——这成了我自信的源头。

同样让我感到头疼的是，要面对几百位著名医生，做一场关于"商务人士的健康"报告。这是我在采访了 50 名世界顶级名医后，写出《最强的健康法》的故事。在我执笔的过程中，为了保证内容的正确性，我委托顺天堂大学（日本著名的私立医学院）教授堀江重郎担任监修。以那次委托为契机，因缘际会，在堀江先生担任理事长的学会上，我被邀请去给他们做报告。

在演讲中，我也得到了非常高的评价。秘诀在于将"正因为是自己才能提出有这种附加价值的话题"与医生关心的事巧妙地联系起来。

具体来说，以"商务人士在看了 100 位医生后发现的，可疑庸医的特征"为题，"这么做无法得到商务人士的信赖"为重点做了报告。

通过这样做——就能获得"虽然对方是医学专家，但是在这个切入点能说出独特体验的人只有我"的"面对专业听众做报告也很自信"的心态。

做报告的时候，**第二个关键点是，用自己最好听的声音说话。**

特别是呼出大量空气的腹式呼吸法发出的"好听的声音"，对提升自信也很有效果。即使面对重要听众而紧张，也可以用比较低的音调做三回"啊"的发声练习，听听自己冷静的声音吧。

相反，如果像机关枪一样将音调提高语速加快，想要早点说完是不行的。因为，这样的声音会让自己更加着急，如果把这份紧迫感传达给了听众，这场报告就是失败的。

在听报告时，形成印象的主要因素并不是报告的内容，演讲者的说话方式和外表却能给人留下更深刻的印象。

确实，在演讲和小组讨论等场合中，直视对方的眼睛，用冷静好听的声音说话，就会给人一种信赖感，哪怕说话的内容并没有太多亮点。

实际上，有些证券分析师的演讲内容虽然对投资判断没有帮助，但得益于他有吸引力、有趣的谈话方式，人气排名较高。反之，那些说话乏味却仍然很受欢迎的分析师，往往是真正的实力者。

假如把说话的内容比作商品和服务，说话方式便是包装，是品牌战略。作为自己这个品牌的打造者，用"让自己和听众安心的声音"来做报告吧。

最后，第三个关键点其实是改变态度。

到目前为止，在各种各样的场合，我听了数不清的报告，但真正有趣、有益的，说实话真的很少。

而且，大部分报告的内容我都忘记了。九成的报告很无聊，剩下一成有价值的报告中，也有九成的内容被我遗忘了。

我粗略计算一下，只有 1% 留在记忆里，99% 被遗忘。

所以，当你了解这一点，很大程度上可以得到放松，让自己能够应付上台报告。

〈 教训 〉

考虑"自己的演讲有哪些独特的价值"并认真准备。然后，用自己最好听的声音让自己冷静下来，最后改变你的思维，毕竟"99% 的报告都是没有意义的"。

准备资料要全面，并记在脑子里

能建立信赖关系的报告很重要

　　演讲报告不单单只是为了传递信息。如果单单只为了传递信息，发放文字资料或视频会更有效率。与之相对的，只有演讲报告才能实现双方互动，建立信赖关系。这便是演讲报告独有的价值。

　　把做报告作为建立信赖关系的形式，**第一个关键点是，就算错了也不要对着资料没有感情地朗读。**这一点也在前文中多次提到过。

　　我在大学毕业后，入职投资银行，发生了一件事让彼时的我十分震惊。从某个国有银行跳槽过来的有点官僚作风的本部长，拿着让部下们彻夜不眠、使出浑身解数准备的资料，像念经一样读着。

他的脸全程对着资料，也不朝听众的方向看。

他没有任何动作，音调也没有抑扬顿挫，用令人乏味的声音低声朗读，让部下们的努力化为泡影。无论准备了多么出色的资料，只要这个上司一开始朗读，一切都会被毁掉。

令人意外的是，能够做出这种"毁灭性的"报告的人，大多是真精英。因为不管是多么无聊的报告，他们都能做到投入地听和学习，所以他们很容易忽略报告的趣味性和互动性有多重要。

另外就是，长时间朗读资料，人的注意力也会集中在文字上，反而没有多余的精力去把握听众的反应。

结果就是，除了自己以外，其他的人不是在睡觉，就是在看手机。更有甚者，在场听众都走了，他也没有发现。

第二个关键点就是，虽然资料是全力去准备的，但是切忌完全依靠这份资料。有一位我一直很尊敬的行业大拿，是某家私募股权基金的老板，他的报告，有赢得听众关心和信任的神奇力量。他会全程和听众保持眼神交流，利用手势和沉稳的声调热情地完成报告。

而且就算准备好了资料，那个老板做报告时经常是一页都没翻过就讲完了。然而在准备资料的时候，他却能给部下许多细致的指导，并很费心地修改了好几次。

有一次，我问道："这么多精心准备的资料，为什么总是不用呢？那不就浪费了吗？"他回答道："武贵，你在说什么蠢话？"

"做报告时不使用资料是最基本的能力。做报告是要看着对方的眼睛，然后让灵魂之间互相交流，建立信任的。""资料是为应对意外情况暂时拿着的，说到底也只是救急用。"听到这话，我恍然大悟，对他深感佩服。

我现在在演讲或做报告时，基本上也不怎么拿着资料，事先在脑中记住大概的故事线和三四个重要的关键点就基本够了。这其实是因为我比较怕麻烦，但我因此却变得更擅长做报告了。

因为不能依靠资料，就只能记住内容，这样就能更深入地理解内容，也更容易抓住报告的重点。

当然每个人找到适合自己的节奏很重要。然而，一旦你决定不做这个事情，大脑就会加强其他功能，以进行补充，这是众所周知的科学事实。

相反，如果过于依赖资料的话，就会像开头的本部长一样，始终专注于朗读。这样一来，本来就薄弱的报告能力就会越来越退化。

仔细想来，以前的人没有资料也没有麦克风，但还是能让听众动容。

就像每天进行高强度训练、赤手空拳让观众沸腾的武术家一样，即使全力准备资料，也不要照本宣科，而是先掌握主要内容，再进行报告。

〈 教训 〉

让我们把报告资料的概要放入头脑中，在没有资料也能说出内容的状态下做报告吧。

能吸引别人的话题一定要和报告主题相互联系
在中国香港、新加坡、法国路演比赛获奖的秘诀

在报告中，还有一点比较重要，那就是见缝插针地加入一些与主题相关的小故事，活跃气氛。报告者的幽默感不仅能让听众开心，还有助于激发听众对自己的好感，工作目标也就更容易达成。如果这种幽默与主题相关，效果就会加倍。

吸引人的报告，是要将身边的经验引入其中。到目前为止，我参加了很多在各个国家、地区举办的私募股权基金研讨会。其中，在新加坡和中国香港均被评为最佳报告人。在这种场合下，我比较注重与听众分享自己亲身经历的小故事，既能缓和听众的情绪，又能将听众的注意力引入主题。

例如，在新加坡的研讨会上，我讲了一段在东京发生的小

故事，那是前往东京羽田机场的路上，我和出租车司机的对话。

在去机场的出租车上，我问司机："您最近生意怎么样？""没有之前好。顾客少了，实体经济比报道的还要糟糕啊。"听到这个我心想，最近大家确实挺难的。但是，这对于并购基金投资者来说是一个非常好的时机。这是因为，可以低价收购那些经营得不太好的企业。

另外，在法国的研讨会上，我还穿插了一些私人话题。

"在来法国之前，女朋友让我'记得带几瓶香水回来哦'。这个对我来说，就有点头疼了。现在日元贬值，如果换成欧元买的话，就相当于价格上涨了。虽然这对我个人来说不是一个有利的消息，但是对考虑用欧元投资日本企业的大家来说，却是一个绝好的机会。"

在私募股权基金的研讨会上，很多人会一本正经地诉说经济状况和自己基金的特征或战略等。但不管谁说出来都是同样的内容，说实话听众肯定都听腻了。

这时，当我抛出出租车司机和女朋友的故事，一开始人们会纳闷儿："这个人疯了吗？他在说什么？"但是，如果这些问题直接联系到了报告的主题，就会产生"原来如此，那是伏笔啊"这样的思想转变。而且，与其他无趣的报告人不同，我是一个讨人喜欢、接地气的报告人。

而且即使在开头的幽默部分并没有达到很好的效果，也可以不失面子地道一句——"这只是为了引出话题，并不是跑题哦"。

相对地，很多时候没能"一下抓住人心"，可能是因为抛出的段子太过局限在"当地梗"，或与主题完全不相干，无法引起听众的共鸣。

这次是枥木县的一个案例。在聚集了枥木县 500 名初中、高中的教师的研修会上，我和我的母亲——南瓜夫人做了一场"一流的教育方法"的报告，当时发生了一件事。

报告前我和负责人洽谈时，对方提议："在开头，您可以谈谈我们本地的饺子吗？枥木有两大派系，分别是饺子专门店正嗣派和宇都宫珉珉派。以此为话题，一定会受欢迎的。"

那个时候，我还是第一次在枥木做报告，也并没有特别喜欢吃饺子。尽管如此，我还是按着负责人的建议用当地的饺子话题做开场白。

"嗯——我喜欢吃饺子，要说是什么派的话，我觉得珉珉派……"

虽然这么说了，但是我的话完全没有力量感，也没有真情实感，更像是虚情假意的套近乎。而且那个饺子的话题，和之后的"孩子的教育方法"这一主题毫无联系。

多亏了那一次教训，我才能掌握如何正确开始报告。当时全场寂静的景象，我至今仍无法忘怀。

听取别人的建议固然重要，但做报告的人是你，你要把自己的真实想法说出来。

如果总执着于听众能接受的内容，虽然吸引了听众的兴趣，但有可能会把自己绕进去，所以要小心。

一位来自北欧的某基金经理在法国的一场报告会上，不知怎么突然跳起舞来，以说唱的语调开始报告。听众完全不知道他在说什么，"收购！收购！"虽然这样的呼喊能让听众情绪瞬间高涨，但失掉了权威性和信任感。

就算再怎么让听众开心，如果那个表演不能和主题形成正向联系，就只能沦为一个单纯的玩笑而不了了之，所以千万要注意。

⟨ 教训 ⟩

开头"吸引人"的东西要和主题联系起来。让听众得到轻松愉悦的感觉，才能让他们感同身受，并且深入理解主题。

黄金法则
7

提高报告的价值，要考虑听众的"机会成本"

用报告给那个特意前来参加的人一个回报

报告时必须有的强烈意识是——考虑对于听众的"机会成本"和实现更高的"报告的价值"。

第一，要考虑听众的机会成本。

这个时代，在视频网站上，免费、有用且有趣的内容随处可见。

无论是世界瞩目的创业者的演讲、世界著名大学高人气教授的公开课，又或是明星偶像可爱的表演，这些所有的东西都可以随便看。

而且视频网站会根据你的喜好，向你推送。如果你觉得无聊，可以立刻刷出下一段视频。

让我们来考虑一下那些听报告的人的成本：在网上他们可以免费收看满足他们需求的高质量内容。然而听报告时，听众不能离开演讲厅，他们至少被限制了 30 分钟到 1 小时。

第二，实现现场感和一体感，这些报告才有的价值是很重要的。

报告在信息的包罗性上可能会输给文件和视频。

但是，无论视频质量多么优秀，也无法提供只有与身处其中的人进行双向沟通和共享空间才能产生的现场感和一体感。

相反，如果没有这些东西，那也就没必要做报告了，看看文件、视频就足够了。

第三，要考虑自己报告的价值。特别是，来听报告的人越忙，他的成本就越高，你就越需要这样的自我告诫。

比如我在做报告的时候，如果有 1000 名听众，平均 1 个人的时薪是 5000 日元（约合人民币 312 元），那么我就会这么告诫自己："一定要说出至少价值 500 万日元的话来才行。"

你要在心里对自己说："在这众多的报告会中，我要给听众一段最好的时光。"

像这样，考虑到来听自己报告的听众的机会成本，你就能当之无愧地说："这才是像样的报告。"

第四，一定要用谦虚的姿态，用尽全力去做报告。

事实上，即使有机会与非常著名的管理者或专家一起进行演讲，也会偶尔感到失望。看起来他们并不清楚要表达什么，也许并没有要分享的内容，有时候也看不出对听众的诚意。

明显能看出他们那种"能见到我就很高兴了吧"的傲慢和优越感。

当我看到他的傲慢，就会想："因为只是面对普通听众，所以说得这么肤浅他们也没有罪恶感吗？"

在充满着有趣的内容、极高的画质和音质，全部都免费的视频时代，这些约束了很多人的时间成本的报告，必须提供比听众的机会成本更高的价值。

还有就是，要注意提升做报告时的现场感和互动感。

因此，我们需要努力让在场的人比没有在场的人享受更多的价值回报。

┌─ **教训** ─────────────────────────────┐

　　为了提高报告的价值，让我们简要介绍报告的目的和概要，重视互动感和现场感吧。

└──────────────────────────────────────┘

在结婚仪式的祝词上露馅儿了？优秀报告能力的标准是什么？

演讲报告中，如何避免"不顾听众需求，自说自话"的情况?

不仅是职场，我们在日常生活中也会被要求进行各种各样的"报告"。

在朋友组织的聚会上突然让你来一个"一分钟自我介绍"，或者在年末聚餐的时候说一下"下一年的计划目标"，等等，这种事肯定不少发生。

在这种突然被点名的情况下，很多人只是支支吾吾地说了名字和职业之类等基本信息，并没有给人留下任何印象。

关于目标，也没什么特别的，一般都是"我向大家保证明年要瘦 5 公斤"这种不大不小，即使没有完成也无伤大雅的目标——很多人都说得不怎么有趣，这也是年末聚会的风景线吧。

顺便说一下，我去聚会的时候，"武贵先生，来一个祝酒词""结束的时候来一句话""来点评一下某某东西吧"等突然被拜托的事也很多。

我多少还是对自己的演讲能力有些信心的，因为在演讲过后，听众们大多都是疑惑"这真的是即兴发挥吗？"这并不是因为我是个天才。虽然我不是过去的安东尼奥·猪木选手^①，但"无论何时，无论是谁的挑战，我都会接受！"这样的精神给了我启示，"无论什么时候，无论谁拜托我，我都要做报告！"这是我的座右铭。

如果被邀请去多人聚会，在感觉到"好像要被拜托什么了"之前，要时刻考虑"如果现在被拜托也能说出 3 分钟的问候和点评"，只有这样才能真正做到即兴发挥也能出口成章。

那么，职场之外对很多人来说最大的一场报告，应该还是婚礼上的朋友代表祝词吧。

不管怎么说，我最大的特长就是婚礼上的朋友代表祝词。我曾被人戏称："你这个爱好，真是太喜庆了。"实际上我在各个国家完成了 20 次婚礼祝词，只失败过一次。

实际上有九成五的成功率，因此我也收到委托给其中一些几乎不熟悉的人致婚礼祝词，但我仍然取得了巨大的成功，因为我充分吸取了我在本章中讨论过的教训。

下面我将以这样丰富的"婚礼祝词"为题材，将本章论述的"报告的黄金法则"的重要因素分配给下图的两轴，对"报告"

---

① 安东尼奥·猪木，已退休的日本职业摔角选手及综合格斗家，在日本职业摔角与格斗技的发展史上占有很重要的地位。

矩阵各象限的特征和改善方法进行回顾。

报告能力检验矩阵

努力传达

C	A

没有满足需求 ——————————————— 满足需求

D	B

没有努力传达

- 有没有满足听众的需求
- 有没有努力传达真诚、快乐、现场感

【A】有没有满足听众的需求○

有没有努力传达真诚、快乐、现场感○

婚礼祝词所要求的是，用想要传达的真心话祝福新郎新娘和其亲属。另外，考虑到听众的需求，介绍新郎新娘的优秀品格，并且向之前倾注爱心养育的父母表达敬意也是很重要的。

让我们真诚地讲述，即使错了也不要照本宣科，而要以只有自己才能讲述的故事来让听众开心。然后说一些只有在场的人才能感受到的有现场感的祝贺词。

在有很多朋友和上司的情况下，要做出让人觉得"正因为选择了自己，婚礼才变得更好"的贡献。然后给所有参加者送上今后几十年都值得回忆的特别的5分钟的礼物吧。

因此，提高你的思维水平，思考你在这次祝词中能达到的最佳状态是什么，这对你的进一步发展至关重要。

【B】有没有满足听众的需求○

有没有努力传达真诚、快乐、现场感×

那些略有遗憾的婚礼祝词，其中常见的是，从两个人的相识开始讲到人品、婚姻生活的建议，典型需求的要点是有了，内容也足够全面，但是泛泛，不够特别、没有热情，也不够有趣，从头到尾都是司空见惯的贺词。

要么就是磕磕巴巴地罗列古今中外的名人名言，要么就是紧张地说些："他非常优秀，性格也很好……"空泛的表扬，没有具体小故事的祝词，听着也没有意思。

在这种情况下，把自己从"婚礼祝词应该这样说"的固定形式中解放出来是很重要的。

然后，让我们记住，自己不能享受的祝词也不能让别人开心。把真正感受到的事情诚实地说出来，在祝词中就会充满神力，才能把其中的感动传达给听众。

【C】有没有满足听众的需求 ✕

有没有努力传达真诚、快乐、现场感 〇

简单地说，这种令人遗憾的婚礼祝词，就是"轻率的人说出的祝词"了。他们发挥与生俱来的服务精神，总之想要炒热气氛，但因为完全不符合婚礼这一需求，所以会让现场变得尴尬。

例如，新郎的老板有时可能会讲述新郎工作失败的故事。如果能把这个失败的故事和他的成长过程联系起来，那就太好了。但是只是谈论这个失败，很可能会贬低新郎的人格。

最后，这样的人只是以受欢迎为目标，连续爆出粗俗段子，一个人开心地表演下流的技艺，也是无视新郎新娘和父母等听众的需求而失控的丢脸的典型例子。

我们要考虑到婚礼那天是个特别的日子，考虑新郎新娘和他们的父母最想要的，重新考虑那个祝词中能实现的是什么吧。

【D】有没有满足听众的需求 ✕

有没有努力传达真诚、快乐、现场感 ✕

完全不顾听众的需要，开始无聊的个人演出。也没有祝福新郎新娘和家人，也没有让参加者高兴。这就是最令人尴尬、令人遗憾的结婚祝词的特点。

我听过的最糟糕的祝词，是一位发展经济学教授说的，他是新郎大学时期的恩师。

简直就像在大学讲课一样，说个不停。而且，他用几乎听不见的声音咕哝着说话，完全没有注意到周围的困惑和"我希望你快点停止"的气氛。

　　估计在平时的讲课中，学生们也会不听这位教授讲课，肯定在玩手机、睡觉吧。已经习惯了这种冷淡反应的教授，对于听众焦急反应的"传感器"，估计也正处于"故障中"吧。

　　在这种情况下，最重要的是要有勇气，不要安排那些不会察言观色的人做发言嘉宾。

　　即使是礼节上需要给面子的人，也要尽可能控制在贺电程度的长短内，干杯时间不要超过 3 分钟，切记切记。

第三章

对话的黄金法则

为何与他人说话时"单向交流"无法让气氛热烈？

无聊对话的三大缺陷与高超对话的七大黄金法则

对我们每个人来说最重要的传递信息的方式是在日常"交流"中。

我们每天在各式各样的场合中进行着大量的交谈。即使只是在闲谈中，也能传递非常多的信息。

通过说话的技巧，除了能让对方知道我们是否心存关心、兴趣、信赖感、礼仪以及关怀等方面外，还能知道这个人有没有教养、品格、国际意识以及平等意识。实际上我们在不知不觉中相互传递出这些信息。

在重要的交流中，我们经常会因为不擅闲谈，无法将所想的内容表达出来或者是因为自己的话而冷场这些事烦恼不已。

因为不擅长在聚会等场合中与人闲谈，我们经常能看到有些人会独自伤神，待在会场的一个角落很专心地吃着饭菜（大概就是烤牛肉或者寿司一类的食物），变成"站在墙角吃着烤牛肉的大叔"。

为什么我有资格提出"和对话基础有关的启示"？经过各国职场中的一系列摸爬滚打，也许我的工作能力和工作总量还欠火候，但"总闲谈量"可以说是金牌级的，因为我对交流有着无比的兴趣。

因为私募股权投资属于和人打交道的商务工作，所以必须要与各国投资家、基金经理以及投资企业的高层领导进行多种多样的交谈。

尤其在媒体上出镜之后，就有了与更多的人交流的机会，总的闲谈量达到了一个新的高度。我在各国乘坐出租车的时候，就很愿意与司机们闲谈交流，说我是"世界闲谈王"也不为过。

我私下里曾和 80 多个国家的朋友努力交流过，因为工作和求学的需要，我旅居过法国、中国香港，还有新加坡，在家庭聚会中，我邀请过很多客人前来，这也磨炼了我的交流能力。

坦白来说，在这个世界里有大量的交流可以激励工作或者学习，我就是最好的例子。在这漫长岁月里，我在这些交流中不仅与合伙人缔结了信赖关系，还锻炼了交流能力。

现如今，不论遇到什么人，我都有自信与之畅聊一小时不间断，但我也会苦恼"和不认识的人该说些什么话好呢"。

谈话交流没有想象中的顺畅，或者交流顺畅但对话无聊，这种时候，就要注意查看是否出现了以下三种问题。

- 对他人漠不关心，并没有什么想问的内容；
- 对他人没有什么特别想说的话；
- 对他人毫无敬意。

如果一个不关心对方的人，和一个从一开始就不打算说任何话的人，在某种场合下凑在了一起，并且不得不进行交流的时候，多半会陷入窘境吧。可如果是我碰上了这种事，即便对方对此事提不起任何兴趣，认为与其这个样子下去还不如一个人玩猜拳游戏，我也有自信让九成的人和我愉快地聊下去，并且克服这个难关。

这个秘诀来自我高中时代读过的一本书。

为什么那个人的话语，不仅让听者开心，还能迅速建立信赖关系？

快乐交流的 7 个黄金法则

"成功对话最重要的基本，就是要了解对方的兴趣。"

这是美国 CNN 电视台著名新闻主持人拉里·金在其著作中所提到的一句话。

由拉里·金负责主持的 CNN 招牌节目《拉里·金现场》每日会邀请来自各界的嘉宾，进行长达一个小时的访谈。到场嘉宾有美国历代总统、企业家、演员、艺术家、运动员等，阵容相当豪华，而拉里·金的采访也颇有特色，不论对方是谁，都能聊得十分尽兴。

"如何才能做到不论跟谁说话都能愉快地聊下去呢？"

带着这样的疑问，我从海外订购了拉里·金的书。那个时候还没有亚马逊网络商城，在那个年代里购买西方书籍还是十分困难的一件事，因而我也是费了一番周折。

拉里·金在著作里曾评价过美国前总统比尔·克林顿，他是这样写的：

"比尔·克林顿让我最钦佩的一点是，在访谈的过程中，他让我感受到了尊重和真诚，让我觉得自己是非常重要的人物。"

从那以后，我连做梦都想有朝一日能够成为拉里·金脱口秀节目中的嘉宾，对他人"产生兴趣"以及"怀揣着敬意"，我将交流中最重要的部分铭记于心，并且付诸实践。

《拉里·金现场》是一个长达 25 年的长寿节目，在这 25 年里，他采访过 4 万多名世界名人。而我从学生时代到步入社会之后，在世界各地与 80 多个国家、地区的人们有过深度交流。

在这个过程中，我怀揣着敬意与他们进行交流。也从中领悟到交流能够打开对方的心扉与他们建立信赖关系，同时也能提高自己的自尊感。

在本章中，我们来聊一聊交流的七大黄金法则吧。

黄金法则 1　与其咬牙听完，不如早点放弃

黄金法则 2　比起"说什么"，更重要的是"怎么说"

黄金法则 3　用先发制人、太阳政策①、佛系战略去融化那被冰冻住的沉默的窘境吧

黄金法则 4　在多人谈话的场景中，给予每个人点对点

---

① 政策名称根源自《伊索寓言》中的故事《北风和太阳》。故事说：北风和太阳比赛如何让路人的外套脱下来，北风采取的是更用力地吹，但是路人却把外套抓得更紧；而太阳则是用阳光去温暖路人，路人就主动把外套脱下来。阳光政策也是这样的概念。

与其咬牙听完，不如早点放弃
三个终结对方超级无聊话题的方法

　　交流中最重要的事情，首先就是说出令对方产生兴趣的内容，并让对方全神贯注地去聆听。

　　实际上，如果你能保持兴致高昂，开心地聊起感兴趣的话题，对方也会更轻松地投入到话题当中，交流的趣味性和效率也会大大提高。

　　当然了，如果双方还没有建立起信赖关系，就突然询问对方离婚的理由，或患有什么疾病，或者是打听对方小时候有没有受到过创伤的话，就肯定会被对方认定你是个"糟糕的家伙"。

　　若要想真正了解对方想要谈论些什么，**最重要的是在聆**

听的过程中寻找对方感兴趣的话题，并向对方展现出自己对这些内容也有着很深的兴趣。

这个时候，只要你嘴角上扬面带笑容，面不改色心不跳，然后将身体前倾并做出"还想听到更多的内容"的姿态，这样对方也容易把话说下去。

话虽如此，如果不论怎样努力还是令对方提不起兴趣，特别是不知道该如何进行提问，遇上这种情况应该如何处理呢？

实际上有一类人，他们对对方并不关心，在未经许可的情况下就开始自说自话。特别是那些爱讲荤段子的人简直是无药可救了。自己的人生阅历中明明有很多的话题可以说出来，为什么非要选择说这些话呢？然而这种可悲的人并不在少数。

有些人为了维持场面，随意抛出话题，可这些话说出来只会陷入更尴尬的局面。为了打破沉默，随便先说点什么——一旦对方察觉到你的这一动机，接下来的聊天就会变得越发无聊。

如果遇上了以上这种情况，就请记住以下 3 种不同阶段的应对方法。

第一阶段是，在自身能力不足的时候要谦虚，然后再去接近对方。"按理说人都会对他人有些兴趣，毕竟对方和你有着不一样的人生。如果一点兴趣都提不起来的话，那你的人生岂不是索然无趣了？"

但如果你能够更进一步思考，就能对自己进行鼓舞："若我能够想一个话题出来，自己的人生就能够上升一个层次。这不仅是人生的一种修行，也是理解他人的一个环节。"

如果产生了这样的想法，你就会重新认识对方，并从他人的兴趣之中，寻找和自己的兴趣可能重叠的领域。如果你想尝试将话题引入正轨，那就表现出"我想知道更多与之相关的内容"的态度，找好时机转换话题。

如果不论怎样努力，与对方的交流依旧保持在无聊的状态，这时就可以采取**第二阶段**作战方法。

也就是采用高等级的作战方法：**"聊天的话题等由自己决定。"**这样做主要是防止"因为无聊话题的出现，或与会者全都处于尴尬局面"此类事情的发生。不过与此同时，考虑对方的感受也是十分重要的：要适当寻求对方的意见。

实际上这种手段是我针对那些"因尬聊致使双方陷入僵局，看上去很聪明实际上却无聊透顶的后生晚辈们"想出来的撒手锏。

这些后生晚辈们，都有着非常清晰的头脑，有的人是奥林匹克数学竞赛的金牌得主，有的人则在知名外资企业的金融机关里工作，他们都拥有极高的信息处理能力。

然而他们在交流方面，已经不能说是零分水平了，而是无限接近负数。不论再怎么卖力气，说出来的也都是些无聊的话题，会令在场的听众们陷入尴尬的局面。

为此，我便开始采取了我的应对策略，每当他刚要开口说些什么的时候，我都会扯出其他话题，不过为了避免对方感到不适，每次我都会向对方提出问题，并且听一听对方的看法。

这样下去，聊天的话题就不会太过无聊，参与聊天的人们也都不会陷入尴尬的局面中。即便大家听到了那些没有丝毫感觉的回答，只要稍微忍耐一下，就能防止尴尬扩散。

接下来，如果不论怎样努力依旧摆脱不了空洞乏味的聊天内容，那就只能采取**第三阶段**的手段了，那就是**"聊天中的出家"**。

当然了，我这话的意思并不是说因为对方说的话过于无聊，就让大家立即遁入空门。不过，要是对方所说的都是些对他人恶语中伤、带有偏见或者低级趣味的话，跟你实在水火不容，那你就没有必要认真对待此人，和这种人打交道就是在浪费自己宝贵的时间。

在这种情况下，就要做到"即便陷入窘境也要保持一颗平常心"，然后很着急地说你必须将上司给你的工作文件给顾客送去，如果能办到的话就赶紧行动，然后远离是非之地。

只要以"不论遇上多么低级趣味的内容，内心也不会有丝毫动摇"为目标，也许就能成为"沟通领域中的不动明王 ①"。

———————

① 不动明王为佛教密宗八大明王首座，具有在遇到任何困难的时候，均能扫除障难，并不为动摇之意。这里表示只要遵循作者的方法，就不会被低级趣味的内容所左右。

　　当对方的言语无聊，可以表现出自己很感兴趣的样子，并将对方关心的内容引出来，抓回主动权，继续交流。最后，保持平常心，在气氛刚刚好的时候结束对话。

黄金法则
2

比起"说什么",更重要的是"怎么说"
我在东京公寓里学到的说话方式

在会话中,除了对话内容,讲话的方式也值得我们注意。

我曾在东京短期逗留过一段时间,在当时居住的公寓大堂,遇到过很多说话声音大的人,由此可见日本有不少这种人。

他们说的大抵都是被他人听到也无所谓的内容。此外,他们不仅不在意坐在自己身边的人的心情,也不在意跟自己共处一室的人的心情,可见他们的自私。

要是不仅说话声音大,还有口臭且说话没有重点,那就不得不长时间接受高音量和口臭的冲击了,简直就像梦魇一样。

这些人对于自己正在惹人不快这件事毫不自知(或许此

时有人要说，那你就不招人讨厌了？），因此没有办法彻底发挥自己的潜能。

我家附近有一家我挺喜欢的酒吧，那里卖的纳豆荞麦面真的是一绝。但是如果吃这荞麦面就必须忍受酒吧老板的噪声冲击，所以除了特别想去吃的情况外，我都尽量避免踏入这家店。由此可见，如果音量过于大会惹人不快，因此会丧失人际关系和商机。

此外，因为不当的说话方式惹人不快的人还有很多很多。

比如说去买家具的时候，听到店员说椅子"这孩子是用很好的材料做成的，如果用油保养一下的话它会很开心的"，在餐厅就餐时吃到好吃的红薯料理，询问年轻的店员产地时，他回答"这孩子是……"时，我会很生气。滥用拟人化的修辞会使听者感到不快。红薯都能算是孩子吗？

当然，我很尊重他人的个性，但我也认为没有必要每个人都用同一种方式说话。或许是我个人的问题，我总觉得将椅子和红薯当作"孩子"来对待有些许不自然，甚至会在内心咆哮："你别再孩子孩子的了！"

根据我常年的观察，我可以确定地说，这类人本身不坏，但是与他们交流时会觉得没有什么营养，令听者疲倦（当然，本书的读者除外）。

此外还有一类人。不知道他们是不是奥巴马的粉丝看多了奥巴马的演讲，他们在用英语说话时，总是会下意识使用奥巴马说"Yes，We Can"的音调。跟这些人交流也令我感到疲惫。

或者那些看多了电影《教父》(*The Godfather*)，在新桥高架下面的便宜的餐馆里用一种不自然的站姿和说话方式，仿佛在扮演迈克·柯里昂（Michael Corleone）的人也令我无语。

此外，还有一些老大不小的男人，总是用小熊维尼的表情卖萌。羽生结弦这么用的话是帅气，而他们这么用就令我一言难尽，总感觉他们下一步就要走上跟踪狂的道路。

在与人交流时，若不注重说话方式而只在意说话内容，则容易引起对方不快。这会使你失去与对方构建信赖关系的大好机会，请各位读者一定要注意。

< **教训** >

从一个人的说话方式中可以看出他的人品。声音过大，使用不自然的网络热词，或是做作的说话方式都会影响你与他人构建信赖关系。

**用先发制人、太阳政策、佛系策略去融化那
被冰冻住的沉默的窘境吧**

身处沉默尴尬的空间时，要怎么做呢？

相处不融洽，无论怎么寻找话题对方都不领情的时候，给
对方足够的敬意才有可能解决问题。

在这个世界上，有那种你无论说什么、做什么，对方都一
言不发的情况。就算你绞尽脑汁想办法，如同拧干了的毛巾，
却依然无法打破这种尴尬。

这些人有可能是性格不合的上司、交往对象的父亲、不对
付的同事、完全不想认识却强行被朋友介绍、对话不超过 30
秒的邻居……

即使是平日比较热心于人际交往的你，在 15 米远的地方
看到他时，也会躲到柱子后面，即使你并没做任何对不起他

的事；或者你会故意装作忙着用手机发信息的样子；或者把手机放在耳边，装作打电话的样子。这些都是为了不和对方眼神相对。

但是公司举办了那种大家都勉为其难参加的慰劳会（虽说是慰劳，但是最让人感到疲惫的也是慰劳会），还有忘年会[①]，不太擅长社交的同事和上司同聚一堂。那么，即使想跑也不得不将对话继续下去的难局，要如何去应对呢？

在这个时候，我们不如先发制人。这绝对不是要你跟对方吵架："就因为你在，才让气氛变得这么尴尬的！"而是，在双方都装作没看到对方、保持微妙距离的时候**先发制人，主动制造谈话的契机**。

如此一来，便可以从双方都装作没看见的尴尬中解放出来。你也能因此展示出自己的社交礼仪，显现出自己的大度量，还能"占领道德高位"。

但双方总归是几乎没说过话的，所以不要聊太久，要速战速决，说一句"我去拿些喝的来，等会儿再聊""还望您多多指点"这些话后，就马上撤退。

接下来是"太阳政策"，不是所有人的性格都适合用这个方法的。但是我的母亲，南瓜夫人已经练习到炉火纯青的地步了。即使如冰冻般的尴尬气氛，她也能毫不退缩地**用开朗的笑**

---

① 忘年会，是指日本的组织或机构在每年年底举行的聚会，本机构的退休人员也会回来参加。类似于中国企业的年会。

容和愉快的神情，来缓和气氛。 比如说，在招待双方父母的宴席上，我和交往对象发生了争吵，惹她生气了，气氛变得十分尴尬时是非常有用的。

在这个宴席中有人突然生气，会让气氛尴尬得如同喜事变丧事一般。但是南瓜夫人会和蔼可亲地低声对我说："你这孩子，知不知道最大的孝顺就是要维护父母的面子啊。"她这样就将本来是我和女友的矛盾转移到我们母子身上，虽然她并不是真的怪我。这样也避免了我和女友会陷入争论谁对谁错的死循环中。通过这样的方式，降至冰点的尴尬气氛迅速解冻。

最后，我推荐的便是"佛系策略"，这个策略和之前的"太阳政策"，有相似之处，也就是通过调整自己的状态和情绪，让气氛不再尴尬。

"对方好难搞啊""我实在不知道要跟他说什么""这气氛太尴尬了"，碰到这种让自己不知所措的慌乱该怎么办？要用佛系的心态平静下来，从而化解这尴尬的气氛，做到控场。

人和人的交往有镜像的效果，其中一方的情绪和状态会影响到另外一方。

比如说，对方非常焦躁的时候，自己的心情也会变得焦躁不安。如果这个时候，你遇到了一位得道高僧，他淡泊的气质也会让你平静下来。

所以我们有时候会看到，一个完全不害怕老虎、狮子的人和它们和平相处的现象。即使是百兽之王，当那个人带着平和的笑容去抚摩它们的时候，也不会扑咬。

所以，当我们觉得与对方的交流遇到瓶颈时，首先在内心中倒入抹茶，将茶碗旋转三遍吧。[①] 然后，边在心中轻声说着"好手法"，**边将自己的心情调整到平和的状态，使对方也平静下来**，这样来实现我们"心的和平时代"吧。

> ⟨ **教训** ⟩
>
> 如果碰到无话可说的尴尬局面，可以先发制人，主动制造对话契机；遇到冷场的时候，可以用"太阳政策"，解冻降至冰点的尴尬气氛；遇到对方焦躁的情况时，可以用"佛系策略"使自己和对方平静下来。

---

① 日本茶道的礼仪。

在多人谈话的场景中，给予每个人点对点的关注

在多人谈话的场合，对于感觉非常糟糕的人要特别注意

　　需要注意的第一点是，在多人谈话的场合中，要让所有人都能感受到你的关心和尊重。

　　在多人对话中，不太好掌控和每个人沟通的时长和质量。虽然在商业场合中本就应该由几个主要人物相互交谈，以便让对话进行下去。但在私人场合，我们通常会只跟自己交好的人说话，并不会照顾所有人。

　　这个便是，在很多"太太帮"的聚餐和联欢会中可以看到的刀光剑影般的光景。

　　在聚会中倘若主人不会照顾所有人，那么被排除到交流圈外的人便会想"我在这里有什么意义吗""算了吧，就算自

己待着也无所谓"，就这样孤独地度过这痛苦且无意义的时间。

这个时候主人最应该关心的是，那些看起来不太自在的，无法融入交流圈的人，并邀请他／她重新融入对话中。

这个时候，应该尽量去寻找大家共同的话题，让每个人都有话可说。

比如，有位妈妈是哈佛大学毕业的顾问，且是人工智能行业的专业人士。她被邀请参加"太太帮"聚会的时候，最好不要聊人工智能这种专业度过高的话题，因为其他人很难跟得上，所以不如可以聊聊"寿司中的蛤蜊"这种大家都感兴趣的话题。

如此一来，这位看上去不苟言笑的精英女士，会给其他人留下一种容易亲近的印象——"喜欢蛤蜊的小姐"。通过"喜欢寿司"这个共同的话题，她减轻了自身因高学历带来的疏离感。

需要注意的第二点是，要考虑所在场合中每个人的优先级。

比如说，我们参加结婚派对时，对新郎新娘和他们的父母要首先表现出尊敬，及时传达祝贺是十分重要的。然而，我之前参加的某个结婚派对上，和我同行的一位女性，完全不理会新郎新娘和他们父母，只一个劲儿找我讲话。这让我有种待不下去的感觉。

即使我暗示她，应该去找新郎新娘传达祝福，她也毫无察觉。要注意当下这个场合到底谁才是主角，然后决定对话的优先顺序，这是我们都应该知道的社交礼仪。

需要注意的第三点是，要照顾自己的感觉。对于毫不感兴趣的酒会或者活动，你犹豫不决后最后仍选择参加，导致你无论怎么努力都有种身处敌营的感觉，所以要早点做出"告辞再会"的决定。

当然，如果你直截了当地说类似"在这里说话索然无趣，实在是难受，我回去了"也是不行的。

用类似"今天谢谢了，但实在是有不能推掉的事情，那我就先走一步了"这种令对方感到舒服的方式，说出不想继续留在这里的想法。

特别是在双方感到尴尬的组合或者是座位安排的时候，早点推辞也是十分必要的。因为也只有这样，才能最大限度及时止损，不浪费双方的时间。

⟨ **教训** ⟩

比起对话的内容，让所有参与者都有被尊重的感觉是十分重要的。碰到无论如何都提不起兴趣的对话时，还是早点用一种委婉的方式拒绝为好。

最高超的赞赏方法就是提升对方的自我肯定感

尊重其他国家的文化

　　如果你不想在维护关系这方面花钱，那么就要有效地夸奖别人。虽说在与对方的交流中，向对方传达你的敬意和赞赏十分重要，但如果你说的是浅显的奉承话，会让对方觉得你十分谄媚且没有内涵。

　　在与别人的交流中，你要是一直说"您真厉害""我是您的小粉丝""我好喜欢您啊""不愧是您"这些话，除非对方实在没有脑子，不然肯定会觉得你"就是胡乱夸奖一通吧，真的没内涵"。

　　因此最重要的是夸到对方的心里。

无论对方出生于哪个国家，最能满足其自尊心且最有效果的夸奖就是赞扬对方国家的文化。

比如赞扬对方国家的"饮食文化"，可以十分有效地表达你对交流本身的敬意和对对方的认同。

小时候我母亲教我："如果去别人家做客，人家请你吃饭，你一定要把饭全部吃完。这是你对人家的尊重。"我从小就一直牢记母亲的教诲，并付诸实践。

尤其是在去到别的国家和地区时，赞扬当地的饮食文化可以令对方开心，增进你们之间的信赖关系。

我曾经受缅甸经营金融公司（"五常·And·Company"）的朋友的邀请，到当地客户的家里做客。

那时对方请我吃的是以红薯泥为主食的料理。而当时我正在断碳水减肥，内心十分痛苦，但是还是一口气吃完了，并强撑着笑脸要求再来一份。当时对方听到我要求再添一碗时，开心极了。

在尊重对方的基础上，加深信赖关系还需要**在对方的上司面前，有意识地夸奖对方不为人知的努力和做出的贡献。**

这是我在某世界知名的资产管理公司工作时的事情。在给交易公司负责人发邮件道谢时，我会抄送一份发到对方上司的邮箱里。

"这次的工作烦琐又枯燥，但是最终数据结果出乎意料地好，期待下次与您的合作。"差不多就是这样的话。这样对方上司就会理解我的负责人付出的努力，会对我的负责人有一个好印象。

而对对方公司来说，我公司是一个十分重要的客户。被重要的客户认可有利于公司市值的上涨。对于负责人来说，这比单纯的夸奖要好上十几倍。

事实上，该负责人也向我发送了**"You made my day！！（多亏你，我今天很开心）"**的感谢信。要是每天都能夸奖对方，令他们觉得"You made my day！"该多好啊。

最后我想告诉大家的是，**"背后说好话"**。也就是在本人不在的场合，不经意地表达对对方的亲近或是敬意，也能有效满足对方的尊重需要。

比如说在社交媒体上，有人会带上话题并大肆夸奖："这是我最喜欢的作者金武贵的著作！"

虽然我知道他这句话不仅仅是对我说（实际上我看了他的主页，他喜欢的人有很多），但是会对别人起到一个积极的引导作用，所以并不会招人讨厌。

我想在这里夸一夸我用过的商品或者是服务。我正在使用的是微软的 Surface，性能和续航能力双一流，还耐用。

我的备用电脑是惠普的 Spectre 系列，也是令我赞不绝口的数码产品。

我睡的床是 Dreambed 公司制造的 "i" 系列，我从没睡过比这更舒服的床。

我最常用的椅子是 Herman Miller 生产的 aeron-chair，该厂的售后服务体系无可超越。

我每天吃的棒冰是赤城乳业的 GariGari 君（差不多得吃500 根才有一根能中奖）。

顺带一提，搞笑艺人中我喜欢不靠伤害别人自尊讲笑话的搞笑艺人"牛奶男孩"、Pekopa 和"兵动大树"。

此外我最推荐的书是 MOTHERHOUSE 公司的董事长山口绘里子的《Third Way 如何开拓第三种道路》（《Third Way 第 3 の道の作り方》）。最后我真挚希望各位能支持在世界范围内开展微金融业务的"五常・And・Company"和其董事长慎泰俊先生，铁祐会医疗集团和其理事武藤真祐先生。

我上文所夸奖的各个品牌和公司，没有收一分钱的广告费，他们也没有找我打广告。我只是在背后说他们的好话而已。

在本书中，夸奖别人的内容是其他内容的两倍之多。这是因为我希望各位能不吝赞词，让世上多些夸奖别人的声音。

发自内心地夸奖别人，让这份积极的善意在社会循环，而被真心夸奖的人也会因此干劲十足。

生活在这个社会的我们能向社会提供的最简单的贡献就是，发自内心地夸奖别人。

< 教训 >

在当面也好背后也好，夸奖对方的工作和他的国家文化吧，他会觉得"You made my day"。

在对别人生气、拒绝别人、向别人道歉的时候应该心怀诚意

被行业大拿训斥，被相处的客户委婉拒绝中得到的启示

当人们遇到愤怒、拒绝和需要道歉的时候，交流力的意义才能体现出来。

可令人感到惋惜的是，人们常将自己的失败归咎于他人，还一脸愤怒地说"我并没有错"；还有人虽然嘴上一直重复着"对不起""不好意思"这些场面上的话，可丝毫不见其诚意和实际行动，这样的例子实在是太多了。

第一，遇到让人生气的事情，要如何处理？

我所尊敬的"生气达人"便是我大学时代的恩师罗教授（化名）。曾经，在翻译罗教授的著作时，教授让我执笔过一小部分内容，我深以为荣。

此事后，年少轻狂的我开始目中无人，不再把前辈们放在眼里。结果我执笔的内容出现了一些错误。

那些前辈知道后并不打算放过我，就在我快要与前辈们水火不容的时候，教授注意到了我那微妙的处境，可他并没有训斥我，反倒说："之所以搞成这样全是我的责任。"而这件事也就如此收场了。

当然了，教授并没有错，可他扮演了恶人的角色，既暗中向我进行了劝告，又以"卖我这个老家伙一个面子"为由，安抚了诸位前辈们的情绪。

就像我说的那样，那些**行业大拿即便是在愤怒的时候也能表现出自身的威严和品格**。

第二要拒绝别人。

这里要我介绍一下我尊敬的商务伙伴，这位被称为"拒绝达人"的日本朋友。

任何一个人，只要拒绝了工作上的建议，都不是一个明智的选择。可我这位朋友每次拒绝建议的时候，总是会对那些充满魅力的提案表示感激，并且还会附上"今后还望多加提携"之类的寒暄语，随后再明确地拒绝。

他大可简单明了地表示，对我方的提案毫无兴趣。但是他却特意表现出谦虚的态度，这样我方就会想"虽说他们拒绝了提案，可他们明里暗里都会免费支援我们吧"，这便是"拒绝方法"。

这和那种由于短期内做不成生意，于是便蛮横不讲理地拒绝对方，让对方心生怨恨，会在生意场上踩他一脚的人有很大的不同。

当你拒绝某事的时候，强化信赖关系是一种礼貌的表现。

第三，向别人道歉。

表面上看有些人是在向对方道歉，其实是在对自己道歉，而还有些人则是在等待对方将自己忘记，哪怕当时对方并没有说什么怨言。

特别是在新兴的风险投资企业中，很多员工喜新厌旧，责任意识淡薄。其中诸如"一个劲儿地开展新项目，但每个项目都没有干完，中途甩手而去"这样的人也是存在的。

给对方造成困扰时的致歉，这种从小到大培养出来的行为习惯常伴随着自发性，因而诚恳的行动是至关重要的。

为了让对方忘记某事而盲目地争取时间其实是不诚实的表现，表面上这是在修补与对方的关系，实则是这是对信赖关系造成了不可逆的损害。

如果我们换位思考一下就能明白，其实自身的交流力和品格的高下，在交流遇到瓶颈时越发凸显。

每当我们处于愤怒、拒绝和需要道歉的时候，应当想想

自己的立场、责任，怎样才能尽量减少代价地解决这些事情，而不是一味只顾发泄自己的情绪。我们都应该记住这一点。

<< 教训 >>

处于以上三种情境的时候，我们应该考虑自己的责任和降低影响的处理方法，要维持、强化和对方的信赖关系。我们都应该成为让别人可以信赖的人。

要注意会令对方丧失信任的三大交谈模式
泰国芭提雅的诡异进修宣传以及被拜托时的教训

前面我们讨论了如何在交流中获得对方的信任。现在我们要讨论，失去对方信任的三大交流类型。

第一种让人感到失望的类型，是在和初次见面或交情尚浅的人的谈话中，就被轻易要求或委托某事。尤其是在介绍重要的关系的时候，会更加令人失望。

让人惊诧的是，有不少人，刚见面没几分钟，双方还尚不知其深浅的情况下，就不知好歹地连连说："请帮忙介绍一下吧。"

但是，对听者而言，此时连对方是什么样的人都尚不知晓，都还没有建立起信赖关系，怎么可能去随便介绍自己尊敬的人呢？

我曾经在一场熟人组织的演讲会上认识了同台的一位来自北美地区的人。他自称从事国际性领导培训的相关工作。而我觉得此人实在是可疑。一般情况下，无论对方是什么人，我都会怀着敬意例行问候，但此人却让我想要敬而远之。

但是我仍然在社交平台上接受了他的好友申请，觉得如果拒绝的话不太好，哪知他却突然有事要我帮忙。

"最近，在泰国的芭提雅有一个关于国际领导力的培训会，但苦于招募到的人数太少，希望武贵老师您务必介绍几位熟人认识一下。"

这一请求实在是让我愕然，一时竟无言以对。就凭才认识不久就要我去介绍熟人这点来说，就不能让我接受，而且对于在全世界著名的红灯区做国际领导力培训一事而言，也实在是让人不得不怀疑。

倘若我将自己的朋友、熟人介绍给那个人，恐怕他们会和我一样觉得十分可疑，甚至会重新审视和我之间的关系吧。

第二种无法得到信赖的模式则是，表里不一且在背地里对他人恶言相向的人。有一位名人，平时伪装成一副老好人的样子，表面上对我说着简直就像是确有其事般的赞美之词。

但是，每当我们谈论起与他共同认识的某人时，他便会说"其实那人也没什么大不了的""那人只是虚有其表而已"

这种话，显露出他自视甚高的傲慢态度。

每当这种时候，我便会警惕自己是否也被他批评得一无是处。关键是他平时就是一副好好先生的样子，此刻看到他背后说别人坏话，这种形象落差让我感到不寒而栗。

而且在网络社交平台，他还经常给曾被他批评得一无是处的人点赞。这种不仅仅在工作中，甚至连私底下都表里不一的人，实在是让人难以信任。

真正滴水不漏的人哪怕喝酒了也不会乱说话，而且也绝不在背后议论他人。

第三种无法得到他人信赖的是，喝醉后便滔滔不绝地将全部秘密都散布出去的人。

我和从事私人股权投资工作的朋友一起喝酒的时候，总会谈论"谁通过某一案例赚了大钱，晋升为合伙人""谁筹办了多少钱"这样的话题。

我有一个后辈政珉（化名），筹办了上千亿的资金，职位升了首尔分公司的代理，而且那位老哥（在韩国一般对岁数大的熟人称呼为老哥）非常聪明，资历也颇深，但即便这样，还是陷入了难以言说的窘境。

彼时，很多人评价："那位老哥，酒品实在太差，无论是前来投资的客人还是我，几乎都会感叹他酒品之恶劣。他本人却对在店中喝醉后顺口泄露商业机密这一事毫无察觉。"

事后，我也曾反省过自己有没有类似的"状况"。在这里，想跟大家强调的是，对于能接触很多商业机密的职位，那种稍微喝了一点酒就把持不住，事无巨细地泄露所有信息的人，是很难委以重任的。

特别是那种想通过泄露机密轻松获得客户认可的人，其为人非常不可靠。

要时刻牢记这些轻易就拜托他人、在背后说他人闲话、很容易就泄露商业机密的人，是无法在关键时刻被信赖，担当大任的。

〈 教训 〉

要谨慎对待，诸如对对方来说没有任何好处的请求、轻易说他人坏话、在酒桌上泄露商业机密等这类事情。

一流的对话是让对方有 "还想再见面" 的想法

在对话中，关注对方的兴趣点，避免让对方觉得 "扫兴"。

这是从某位从事会计的朋友，图鲁沃德① (化名) 那里听来的一件事。

虽然他如今是以下一任社长的身份被委任去经营某家实力雄厚的会计师事务所，但他的人生和我一样，也不是那么一帆风顺的。人生起起伏伏，他最开始是一位从事上门服务的司机。

那是他大学时代兼职的第一份工作，已经过去了20年之久。

在京都的一家越南菜餐厅，我一边分着越南粉，一边抑制不住好奇心向他问道："当时的经历，让你学到了什么，可以运用在现在的工作上？" 对方回答道："到谈话的最后，要让对方有'还想再见面'的想法。" 我觉得这句话非常经典。

当时经济不景气，对于没有工作的图鲁沃德而言，这个还

---

① 　トゥルーウッド（truwood）原本为加拿大产的手表厂商的名字，这里指作者朋友的化名。

算稳定的兼职是无论如何也不能丢掉的。

对从事上门服务业的司机而言，重要的职责，便是让兼职特定工作的女性能够保持愉快的心情继续工作。不少人会因为工作中发生的种种不愉快事件，导致精神状态不佳而辞职。

为了避免这种情况的出现，他也会对自己的乘客察言观色。比如说"用努力赚来的钱干什么呀？啊，原来是买包包，铂金（Birkin），这个是包包的名字吗？哇，这么贵呀。如此说来，更要努力工作呢。啊，客人来电话了，好，我们一起加油努力吧！"诸如此类的话。

当对方心情不佳，没有兴致的时候，作为司机最大的隐藏附加价值，便是将话题引导向对对方来说是快乐的目标和高兴的事情上，使对方保持较好的情绪。

虽然他当时上的是在全国都非常有名望的地方名校，但是由于正值就职冰河期，他便选择了这一很难说是正经工作的职业。

但在这六个月短暂且充实的第一份职业经历中学到的最大的教训，便是无论是什么对话，在最后都要让对方产生"还想再次见面"的想法。在之后的工作中，他也牢记在心。

而今的他负责一位超级有名的实业家的资产管理，当听到这位实业家的名字，我都惊掉下巴。所有的主顾，都是通过之前的常客热情帮助和介绍来增加的。

能够建立这样的一种信赖关系，也是因为他第一份工作中重视"一起工作的伙伴的情绪，缓和气氛，使用积极的语气来进行对话，在最后使对方产生'还想再次见面的心情'"。

这一职业带来的冲击感实在是非常强烈，搞不好还容易被认为是玩笑故事。虽然我没有意识到要在对话最后给对方留下"还想再见面"的想法，但不得不说，这确实是个很有深意的做法，或者说可以算是本书中写到的最重要的教训之一了。

对话能力检验矩阵

向对方表示敬意

C	A

无视对方关心的事情 —————————————— 围绕着对方关心的事情

D	B

未向对方表示敬意

那么在最后，在本章讨论的"对话中的黄金法则"中的精髓，全体分为两个轴线、来回溯一下"对话"矩阵的各个象限的特点，以及其改善方法。

- 是否围绕着对方关心的事情
- 是否对对方示以敬意

【A】是否围绕着对方关心的事情〇

是否对对方示以敬意〇

对于对方关心的事情，显示出自己的敬意与兴趣的同时，身体向前倾听是非常重要的。

向对方示以具有足够敬意的说话方式，即使沉默的时候也能做到沉稳应对。对在场每个人都表现出敬意和感兴趣，对于对方具有的美德也毫不吝啬地夸奖。不管是批评，还是拒绝或者是道歉的时候，也不要忘记要考虑对方的心情。

还有在建立信赖关系之前，不要轻易去拜托对方。

并且在倾听的时候，也要尽量使对方产生"下次还想见面"的想法。

【B】是否围绕着对方关心的事情〇

是否对对方示以敬意✕

围绕对方关心的事情对话的时候，有时会变成高姿态，使对方感受到一种傲慢的态度，结果变成自说自话的情况。这便是交流力不足导致的结果。

这往往出现在自我感觉幽默这一类型的人身上。

这样的人很容易给对方传达出"相比之下，我的话要重要很多，所以你继续听下去吧"这种不礼貌态度。

假如有4位朋友相互谈话2小时。原则上则是希望，将自己要说的话精简到30分钟以内。合理分配说话的时间，让对方感受到敬意的同时也将对话开展下去，是十分重要的。

【C】是否围绕着对方关心的事情 ✕

是否对对方示以敬意 ○

虽然有人说的话题我丝毫不感兴趣，但他很有礼貌，对我敬意十足，所以我也无法粗暴地结束对话。

所以在表示出敬意的同时，找到自己和对方都感兴趣的话题是十分重要的。

不能忽视对方无意识地晃脚、视线飘忽不定等身体语言。这种时候最重要的是转换话题，或者是尊重对方的时间，尽快简短地结束对话。

【D】是否围绕着对方关心的事情 ✕

是否对对方示以敬意 ✕

有的人会用没礼貌的方式跟你说一些毫不感兴趣的事。他的交流能力简直一塌糊涂。

比如说，我对他人的坏话和恶言恶语这种事情毫无兴趣，却又不得不长时间忍受对方愤怒粗暴的态度时，自然会产生"绝不想和这个人再说第二次话"的想法。

我认为，比起他人的话，他们反而是对和自己相关联的事情最为关心，或者是想让对方感受到自己的存在价值。

眼前的人倘若是在这个世界上最在意的人，那么请在交谈时间范围内去说明自己的事情，努力让对方感受到自己最大限度的关心和敬意吧。

倾听的时候，要表现出"听他的事情十分有趣"，自己说话的时候，也要表现出愉快的情绪，这样才能传达出对对方的敬意。

第二部分

信息接收能力

磨炼并提高信息接收能力

第四章

提高信息接收能力，提问的黄金法则

为什么，那个人问不出有用的东西呢?

不擅长提问的三大缺陷和擅长提问的六大黄金法则

迄今为止，我采访过世界上形形色色的人们。采访这件事可能会被认为与大众无关，但实际上，这其中包含了一般工作中必须具备的"提问能力"。

这在一般的多人会议中是适用的。

本章所介绍的提问能力的教训，也是长年在各个国家采访的实际体验里总结出来的。我在世界各地的职场上，与很多不同领域的专业人士共事过，积累了丰富的采访经验。

我采访的对象有世界性的大企业管理层，有基金经理人，有国家财富基金负责人，有北美养老保险基金负责人，有来自亚洲、欧洲甚至美国硅谷的"家族办公室"①，有东南亚的银行行长。**总采访数保守估计也超过 1 万次了。**

在各种书籍里面能看到"改变了 10 万人的人生！"这种明显随波逐流的题目。这种主题的会议我一天会参加 4~5 次，一年会参加 200 天，考虑到我从事这个职业已经有 10 年以上，所以 1 万次的访谈并不是夸张，甚至可以说是保守估计。

还有一点是，我通过各种各样的商务媒体，采访过因《蓝海战略》而闻名世界的 W. 钱·金教授和著名投资人吉姆·罗杰斯，还有国际上在各界活跃着的著名人士。

他们当中也有很多因难以相处而出名的人，但我仍然能够在采访中挖掘从未见报的具有价值的一手信息。

当采访顺利结束时，也会得到"今天的会谈很开心，谢谢"的正向反馈，这也得益于长年的采访经验和提问技巧的积累。

虽然我现在已经能够自如地与性格挑剔的名人交谈，也能有针对性地提出各种问题，但回想大学时代和刚步入社会的那个阶段，我也有过一段令人羞耻的"黑历史"。

---

① 家族办公室最早起源于古罗马时期的大"Domus"（家族主管）以及中世纪时期的大"Domo"（总管家）。现代意义上的家族办公室出现于 19 世纪中叶，一些抓住产业革命机会的大亨将金融专家、法律专家和财务专家集合起来，研究的核心内容是如何管理和保护自己家族的财富和广泛的商业利益。

不擅长提问的人有以下三个特点。

- 没有考虑提问的目的；
- 被采访对象带偏；
- 想引导对方说出自己预想中的结论。

不擅长提问的人，会有提问目的不明确的问题，其实很多人只是单纯地想表现自己。

不过大学的时候，我也曾在大教室里得意地举起手来提出长长的问题，但是实际上我只是想获得大家的关注而已，所以问出的问题其实都非常愚蠢。至今每每回想起来都会脸红，感到十分难堪。

我的提问能力得到磨炼，信息接收能力大大提高，得益于后来多次的采访与被采访的经历。

实际上让我意外的是，有一些所谓的"一流经济媒体"的编辑和记者居然也会问出偏离目标的愚蠢问题。这些蠢问题汇集成了杂志内容，所以我对这些杂志的信任度也下降了很多，质疑杂志内容信息的准确性。

还有要千万注意的是，在媒体采访等情况中不要问让人误解为与自己没有关系的问题。

对于本章，建议从"在日常对话中如何提问，才能让对方理解更精准"这个角度来阅读，相信读者朋友们一定会得到启发。

为了避免我们在工作和生活中提出那些愚蠢的问题，本章会介绍在我们开口提问之前应该考虑的 6 个要点。

黄金法则1　在一大群人面前提问也不会蒙羞的五大要点

黄金法则2　对方连续给出偏离目标的回答时，为了不让对方产生不快而掌握对话方向

黄金法则3　要思考让对方感到有"回答意义"的问题

黄金法则4　用反驳、装作理解迟缓确认信息的正确性和统一性

黄金法则5　提出建设性的问题

黄金法则6　通过共情能力建立"心理上的安全地带"

在一大群人面前提问也不会蒙羞的五大要点

思考提问的目的和优先次序

在研讨会、演讲会上，如何避免在一大群人面前提出愚蠢的问题，起码不能让人察觉到这是个愚蠢的问题呢？

先把自己的主张和结论说出来，根据结论考虑**要提问的目的和提问顺序，先抛给对方一个简洁明了的问题，自然地将提问意图传达给对方。**

提问比回答更考验我们的交流能力。

假如对方给出了没有什么意义的回答，那可能是因为提问没有意义而回避，想赶紧进入提问的下一阶段。**但是回答这种无聊的问题，也是无可奈何，因为回答问题就是自己的责任。**

第一点要强调的就是**提问目的的重要性。**

提问有着目的多样性和形式多样性：在讨论会上引导对方说出自己的经验，采访时引导对方说出自己的事迹，用提问的方式变相夸赞对方，在会议中为了达到最终目标而提问，为了整合信息而做出各种间接提问等。

还有更深入了解对方并进一步建立信赖关系的提问，以及像导师一样带着鼓励和教育的目的做出的提问，提问的目的不同，相应的提问形式也会发生改变。

第二点要强调的是**根据提问的目的考虑提问的优先次序**。

被提问者有时会产生这样的疑问："难得有能提问的重要机会，第一个问题真的要问这一句吗？"这是因为提问者没有认真考虑过提问的优先次序。

我曾参加过中国著名企业家、阿里巴巴的创始人马云的一次演讲会。在观众提问环节，居然有观众无视演讲主题，问出了令人无语的问题。

"你最不喜欢脸上的哪个部位呢？"

"有没有对家人不满的时候？"

在那样一个场合，面对世界级的企业家，明明当时大家参加他演讲会的目的是学习他的经营哲学和领导力的精髓。这样的问题，既浪费了马云的时间，也大大浪费了观众的时间。

到底出于什么目的，为什么在和马云千载一遇的对话中会优先提出这样的问题呢？

提问的时候，首先要想好提问的目的，然后要考虑问题的优先顺序。

第三点，**明确了提问的目的和优先次序后，有效地传达你的意图**。即使乍一看是个毫无意义的问题，但如果能将其背后的目的传达给对方的话，就会减轻无意义的问题所带来的风险。

还有作为被提问的对象，对提出的问题进行什么层面的回答，考虑到是否满足提问者的意图，会增加回答的广度和深度。

第四点，**"坐在第一排的人最先提问"**的定则也是很有效的。在讲演会之类的场合，坐在第一排的提问者和台上的提问对象有时会视线相交，会很容易被点到。

还有，在第一排的人举起手的时候，台上的人就会知道"这个人是提问的角色"，下次这个提问者再举手的时候也很容易得到提问的机会。

而且作为第一个提问的人提出的问题多少会脱离主题，但是大家能接受这一点，因为他是"为了暖场而发言"。就如同以前在《笑点》节目中的林家隆平用艺术性的方式向会场注入积极气氛一样。

第五点，最后想强调的是，**和演讲一样，在最初和最后用一句话明确地概括到底想问什么**。

有一种不太讨喜的提问者，在提问时总是会先做一段极其冗长的自我阐述，以致最后自己都忘记了要问什么。

　　提问时，切忌长篇大论讲述自己的见解，一定要开门见山地提出问题。

　　准备提问时，最重要的是考虑清楚提问的目的。之后根据提问目的，考虑问题的优先次序。提问时，意图要明确，问题要简洁。

对方连续给出偏离目标的回答时，为了不让对方产生不快而掌握对话方向

不失礼貌地将对方的回答简短化的方法是什么？

在有限时间内的提问和采访当中，为了避免得到"已经听过的回答"，要掌握及时切断对方的回答、灵活转变话题等能动的管理技巧。

为了进行能动管理，需要注意的第一点，**封住对方擅长的回答**。

与习惯了媒体采访的名人之间的对话尤为明显的是，无论怎么问，他们都不会正面回答问题，只通过几种固定方式来作答的人不在少数。

比如吉姆·罗杰斯来日本的时候会接受无数媒体的采访，

但无论看哪个媒体写的东西都是一样的，多数媒体都没能将他的魅力写出来。不熟练的采访就会把有限的时间浪费在既有的信息上。

为了不让这样的事情发生，以"您过去讲过这样的事情……"这样的话来阻止对方说重复的事情，然后再根据既有信息提出新的问题，可以有效防止对方给出浮于表面的回答。

将"这件事情我已经知道了"的信息暗地里传达给对方的话，那他就只能说其他的事情了。

当对方想在自己的"回答模板"中选择想说的事情时，你可以将"我把你过去的发言全部努力地学习了一遍"这样的感觉传递给对方，这样会避免以现有信息的反复而结束交谈。

需要注意的第二点是，**对方开始给出偏离提问目的的回答时，要用巧妙的方式打断并转换话题。**

即便已经明确提出了问题，连续给出偏离要点的回答并且说个没完的人也很多。这种时候，**不被带偏也是一种提问力水平的体现。**

令我感触很深的是，我在东洋经济网上连载"全球精英"的人气专题系列时，"燃烧的斗魂"安东尼奥·猪木的那篇采访。

这位我从小就很崇拜的"燃烧的斗魂"总是顾左右而言他，不知道是不是故意的，无论问什么，他都会将话题转到他在南美洲的咖啡事业和在南方小岛上的寻宝之旅，给出的回答和问题完全不相干。

这种时候重要的是，向对方表示自己十分的敬意，将话题重新引回来。

"原来如此猪木先生，谢谢你的回答。关于这个问题，我十分关心，相关资料我全部看了，也加深了我的理解，所以这次，我特别想请教您这件事……"

像这样，表现出对采访对象抱有兴趣和足够的敬意，就能自然地引导采访对象回答其他话题。

最后一点，我想强调，**转换话题时，一定不要破坏对方的心情**。比如，我在公开演讲时，会以"其实，读者事先提问……""（慢慢地拿着智能手机）啊，不好意思，现在听众有这样的提问（当然，手机并没有这种功能）"这样的语句作为转折点，自然地完成话题转换。这样的技巧，放在商务场景中，应该会变成："对不起，其实领导交代，让我请教一下这件事情……"这样也会有效果的。

转换话题时，为了不破坏对方的心情，还有一个必杀技，**仔细想想明明完全不一样，但会使对方产生是同一件事的错觉，从而意图强行转换话题方向**。

"我认为您现在讲的本质上是同一件事，关于这一点……"

"和现在您讲的话相关的，有无论如何想要请教的一点。"

例如这样的**"本质上是同一件事""和现在您讲的话相关的"**语句，实际上抛给完全不一样的话题，也不会招致不协调感和反感。

而且对方会在"哎，有关系吗？"这种短暂的混乱中给予修正谈话轨道，能防止白白浪费珍贵的采访时间。

与此相对，用"这件事先放到一边"这样的否定将话题移到其他方向的时候，会引起对方的反感和排斥，一定要注意。

< 教训 >

对方重复既有的信息的时候，以"这些事我事先全面了解学习过了"这样的方式将自己的敬意传递给对方，然后再转移话题。对方开始盲目谈话的时候，要用决心和技巧将谈话拉回正轨。

要思考让对方感到有"回答意义"的问题
什么样的提问能力，会获得"很开心"的评价？

　　虽然提问的目的各种各样，但能够挖掘出对方独特魅力的问题，一定是"关于这一点，Ta 的回答比别人更有意义"的问题。

　　如果提出的问题和对方经历、感兴趣的领域毫无关联，甚至没有回答的意义，那么被访者难免会产生"为什么要问我"的烦躁情绪。

　　读到这里，我想要跟读者们分享的是：

　　第一，**需要仔细思考选择能让采访对象回答起来有价值的话题。**

　　第二，**以采访对象与其他媒体的回答为基础来提问，那**

样的采访内容会更有深度。

第三，用对方感兴趣的话题刺激采访对象的回答欲望。

第四，"用提问的方式说出对方的厉害之处，这是被动的美学"。

很多时候，关于个人突出的成绩，虽然本人很想说，但是大多数情况自己讲不出来。

这种时候提问者要说"十分想请教一下关于那件获得巨大成功的投资案例……""连续十年获得这个奖项在世界上也只有你一人，为什么这件事能成为可能"这样的话，拿出"对方最闪耀的瞬间的提问"。

就如同职业摔角里所说的**"被动的美学"**。

正因为如此昔日的巨人马场①选手抬起脚尖，全力向前跑。即使能从容不迫地避开，也要用脸好好地接住，即使反击没有效果，也要痛痛快快地倒下给大家看。

就像观众翘首以盼斯坦·汉森的套索式踢击一样，听众会希望"在这个时机，听到这样的谈话"，所以可以通过适当的反论，增加会谈的紧张感。

但是在这里反论的目的不是反驳而是凸显出对方的厉害之处，所以最后要把胜利让出，停止追究，将倒数三声的读秒献给对方。

---

① 巨人马场，知名的日本职业摔角手。

通过这种"为了引出对方的厉害之处的安排"，可以看出提问者的功力。

也许你会顾虑，这种手法引不出自己想问的问题。关于这一点还请放心。

在有限的提问时间里，要有"构筑信赖关系的提问时间""让对方感到回答价值的提问时间""单刀直入地提问自己想问的提问时间"，要准备不同目的的"提问包袱"。

而且要在最开始就提出"只有 TA 能回答"的问题，这样对方就会认真回答后边的提问。

再多说一句，假如到最后对方还是不配合，就像摔角比赛当中被称作真正的较量的时候，通过让对方一时放松大意取得胜利一样。到最后可以指出对方回答中的矛盾来结束。

总之，在有限的时间内为了提取高质量的信息，"什么样的问题，会让对方觉得有回答的意义""**比起问其他人，只有这个人才能讲出来的经验应该是什么**""引导对方最想说的话的问题是什么"——采访前，要自己捋一遍这些问题，提前准备好问题清单。

< 教训 >

思考并采取"让对方感到有回答意义的提问"和"能让对方散发魅力、突出他优点的提问"吧。

用反驳、装作理解迟缓确认信息的正确性和统一性

从美系资产运用公司调查部部长那里学习到的珍贵教训

为了得到非既得的附加价值高的信息，不只有前文提到的提出"让对方感到有回答价值的提问"这个方法，为了保证得到高质量的回答，这里介绍 3 个比较重要的方法。

第一个有效方法，为了加深讨论而故意直接反驳。

比如说，我在写合著书《最强的生产性革命——不被落后时代而束缚的 38 条教训》（《最强の生産性革命——時代遅れのルールにしばられない 38 の教訓》）的过程当中，与竹中平藏教授对谈时，就运用过这个方法。

"竹中教授在小泉政权的时代，作为内阁成员举起了构造

改革①的大旗，大众将您批判为'市场经济原理主义者''抛弃弱者的竹中'，关于这一点您是怎么想的呢？"直接提出这种针锋相对的问题，是为了引导竹中教授说出他对于大众误解的真实想法。

同样，我作为媒体在采访《蓝海战略》的作者 W. 钱·金教授的时候，故意通过将"蓝海战略虽然实行了，那之后的一段时间有些企业却遭遇了失败"这一点面对面深挖，其实就是为了消除"蓝海战略实行了一次就完蛋"等误解。

为了加深议论而提问的时候，必须要事先了解对方会怎样回答，以及准备对这样的回答做出什么样的反驳。

而且以"你虽然回答了 A，但有 B 这样的反驳"为基础，轮番轰炸，可以有效避免被访者以既定的官僚式回答应付了事的局面。

在确保信息正确性的基础上，第二个有效方法是，**"在对比其他部分的回答时，要重视信息的统一性"**。这是我从一个股票投资分析师身上学到的，他是一个美国人，在一家美资投资信托公司任职调查部部长。

他教会我如何建立财务模型、如何调取投资对象经营团队的资料。令我佩服的是他总是很快找到并指出我的财务预测

---

① 这是日本的说法，相当于我们通常说的"结构性改革"。

模型的矛盾之处。比如分红增加了，但利润和现金流并没有增加；在预测的投资增加的年份，银行还款比借入和利润要多很多；预测到营业额下跌，但SGA（销售及一般管理费）的下降比却相对缓慢，等等。他总是能找到这些矛盾点，并提出疑问。

换言之就是，"在 A 成立的条件下，B、C、D 也必然成立，但实际上并没有成立，这是为什么"。多做出诸如此类的**"检查统一性"**的提问，来推断衡量对方的回答是否有可信度，这是我学到的提问技巧。

而且，"通过故意反驳检查统一性"的采访效果会受到采访对象性格的影响。

第三个有效方法是"装作理解很慢，有点迟钝的样子"，不给被访者压力来确认信息的准确性。

你可以在提问后，缓慢地说："说实话我没能理解，我的理解速度比较慢，能麻烦您用 5 岁小孩子也能明白的话再一次慢慢向我说明吗？"

对于内容有很多错误、仅凭着语速和气势讲话的人来说，这样做能迫使他确认信息的正确性和统一性。

实际上，这是我在某个投资基金公司工作的时候，在一位能干的加拿大基金经理那里听到的主意：**"故意装作理解迟缓，'可能是因为自己笨吧，听起来好像是矛盾的，所以我想确认一下……'这样讲，就能没有棱角地评判信息的可信度。"**

为了通过提问确认信息的正确性，加深对回答的理解，适度地加以反驳，直截了当地告诉对方"我不明白"，让对方认真地为你说明，以此确定回答的一贯性和统一性。

> ⟨ **教训** ⟩
>
> 　　提问的时候，通过反驳和装作理解缓慢来确定信息的准确性和统一性。

黄金法则
5

提出建设性的问题
对于不同的职业，合适的问题类型完全不一样吗？

如果你有过多次跨行业的经历，就会发现不同行业、领域的人喜欢的问题类型是不同的。

我注意到这一点是因为，当我提出上一份工作中司空见惯的问题时，在这个新职业里会被人提醒"不要光进行悲观性的批评"。

特别是当行业和商业模式变化的时候，提问的方式方法也会随之变化。

第一次，是从投资银行转职到咨询企业的时候。**咨询就是思考假说并"验证"它。**但验证的实际情况，是需要通过采访来了解对内情很熟悉的人是否同意这个假说，其实其中都是不确定的因素。所以说大多数情况是通过把假说扔给了解内情的人，来验证是否正确。

第二次，是从咨询企业转职到上市股票经纪公司的时候。当时我受到巨大的文化冲击，是因为经常被基金经理责备"不要像咨询人员那样向经营团体追认自己的假说"。

我被教导：**问了这样的问题，会限制对方回答的范围，是无法真正了解事态全貌的。**

因此，在资产运营行业中，有很多人认为放弃任何假说，以全无知的状态随机反驳是很重要的。

第三次，是从上市股票经纪公司转职到私募股企业时。

因为在上一个职场中养成的习惯，我在投资委员会或投资对象企业的战略会议上，容易提出财务预测模型的前提是非现实的，没见过这样快速激进地将营业额和利润提高的模型，"预测并不现实，不是吗"这类的问题。

对于这些问题我被上司建议："不要像评论家一样，**光提出悲观的问题，重要的是提出怎么能实现那些模型的建设性意见。**"

虽然有些晚，但我还是察觉到了商业模式的不同，认真反省了自己。对于上市股票的投资人而言，终归只是评价价值，所以会展现出评论家的那一面。

与此相对应，对于私募行业，作为掌握投资对象的过半数股票的投资人而言，怎样提升价值成了会议和提问的重要目的。

不同的商业模型，要有不同的提问形式。

接下来，我想要给大家展示的就是"根据不同职业转换提问形式的万能法则"，**那就是我一直密切关注并乐在其中的"相扑比赛的胜利者的采访"。**

即便是 NHK^① 记者这样认真严肃的采访者，也会向胜利的相扑选手提出"真是一场不错的比赛。现在，你有怎样的目标呢"这样的问题。

基本上所有的相扑选手都会一边喘着粗气一边回答"胜利胜利，只是赢取自己的相扑比赛"，然后以"谢谢你"来结束采访。

这个问题无视了本章所提出的所有黄金法则，并没有汲取任何有附加价值的信息，但是也有非提出不可的情况。

观众的期待绝对不是得到特别的经验教训，只是将相扑选手说"只是谦虚地加倍努力"这样的话，作为传统环节来欣赏。

所以即便说你是优秀的采访者，在做相扑的胜利者的采

---

① NHK，日本的公共媒体机构，是日本第一家覆盖全国的广播电台及电视台。

访工作时，也要防止对方将"只是更加努力，其余的事情就拜托你了 / 请提别的问题 / 下一个问题"作为回答的退路。

当中也有不能深挖真心话的采访。

不管怎样，对于不同行业而言重点问题也不一样。但是不论是什么样的工作，也不能像评论家似的一味地提出批判性的问题，请一定要铭记。

< 教训 >

　　不要只进行悲观的批评，要留意提出创造建设性的氛围的问题。根据不同的行业和商业模式，重要的提问类型也会变化。

通过共情能力建立"心理上的安全地带"

"倾听的重要性"就是倾听的价值

要改变一个人的行为，光靠外部建议是没有用的，一定要让对方深刻意识到问题。人们会反感外来的劝诫，但会接受自己内心的想法，从而反映到行动上。

基于信任关系的深层提问会令受访者更多地关注自己的内心意识，自然地过渡到"最真实的"状态，这时我们要做的就是引导性的倾听。

为了进行有效的指导，第一重要的就是，**理解对方并缓解其孤独感**。

我前段时间，有过一次面见"指导行业"翘楚的机会。他说，这个行业并不是直接给出一个答案，而是通过倾听来理解对方，核心价值是缓解对方的孤独感。

和咨询行业不一样，从事引导性倾听的人不直接给予答案，据说引导倾听者一年能拿到 800 万日元，却合计工作 10 个小时。可以说，他们就是"能让前来咨询的人发现真实的自己"的专家吧。

但是，这种倾听也会让很多公司的经营者感受到**"被理解"的安心感**。

通过这种倾听指导，使每年有着数千亿日元营业额的企业经营者进一步加深"对自己和自己公司的价值观的理解"，做出更好的决策，对于企业来说这是一笔稳赚不赔的买卖。

为了进行有效的指导，第二个重要点是，**不管说什么都行的安心感**。就说我自己接受的几个指导的经验，好的指导者受到信任，能构筑无话不说的关系。就是所谓的能构造"心理上的安全地带"。

而对于不擅长这一点的指导者，会絮絮叨叨地将自己的想法和价值观灌输给对方，导致对方始终担心信息泄露而无法建立强有力的信赖关系。

这样的指导者自身就成了压力的源头，就是所谓的**"心理上的危险地带"**的构筑者。

上司和部下一对一进行的会议等场景也是一样的远离，交流不顺畅，不能使对方"注意到"的原因就是构筑了"心理上的危险地带"。

为了构筑心理上的安全地带，传授指导技术的商务学校的教育理念是，**要共享彼此的行动原理和价值观**。

心理安全地带构筑法重视通过分享自己的弱点和自卑感，以及脆弱的幼年期的经验，营造出一种**"可以示弱"**的安全氛围。

顺便提一下蹩脚的指导者只关注倾听"原体验"，他们只会与对方共享一次"回答专用的体验"，所以要小心哟。

第三个重要点是**在倾听的时候不评价对方**。虽然有着非评价性这样的行业用语，但有时候脱口而出的评价会成为对方的压力，**由此伤害到对方的情况也很多**。

但是请放心，这种时候，我们只要不发表"那是不对的""你还想怎么样，差不多该做个决定了吧"的评论，只专注倾听，传达给对方"嗯，你是这样想的啊"这种想法就好。

对方与你毫无信赖关系，更没有向你提出要求，你却自顾自评判对方，那势必会成为一种压力，在对方心里形成"危险地带"。

对此，你只需要专注倾听，传达给对方你的"共鸣"，形成安全感。

当然，构筑那样特别的关系也很耗费时间。

但是作为第一步，是理解对方，给予对方安心感。要注意不随意评价，重要的是产生共鸣。

┌─〈 教训 〉─────────────────────────────────┐

　　改变对方行动的指导核心，就是为了让对方"注意到"
而进行倾听。要自问是否构筑了不伤害对方的"心理上的
安全地带"。

└───┘

没有意义的问题就是社会资源的浪费？

胡乱抛出问题，只能得到"没有干货"的回答，这种提问是可耻的。

就像本章开头说的一样，接受各种各样的媒体采访的时候，我经常感到巨大的违和感，这种违和感源自媒体"自带结论"的编辑态度："将那样的偏离目标性的东西一般化，很难搞啊"，或者"我可没说过这样的话"等。

不知是幸运还是不幸，曾经负责我作品的责任编辑喜欢"国际精英的素材"和"一流二流素材"，所以我也写了很多这种主题的文章。我也收到了很多其他媒体杂志的委托，邀请我撰写"国际精英的话会怎么做""一流二流的区别是什么"以这些为主题的文章。

但是，每当我面对"国际精英如何度过闲暇时间""国际精英的学习方法"等诸如此类略有点哗众取宠的话题时，**我都会以回答不了那样的提问作为理由，改变主题和"精英"这个单词的定义。**

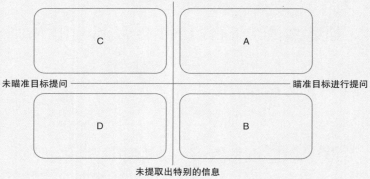

提问能力检验矩阵

提取出特别的信息

未瞄准目标提问 ——————— 瞄准目标进行提问

未提取出特别的信息

　　确实本书也用了"国际顶级精英的交流能力"这样的表达，但内容绝不是因为精英这么做所以要学习这样的事情，读者们能理解吧。

　　本来我特别讨厌一般性的"精英"这个词的内涵。本书所说的"国际顶级精英的交流能力"指的是，不论学历和职业的高质量的交流能力。

　　实际上"精英"的定义比较模棱两可，这个词包含的范围也很广，所谓的"精英"也有交流能力很低的人，也有很多虽然学历不高，但能力和人品很不错的人。

　　即便如此，却还是要将"精英"的概念强行归纳统一成一个模板的杂志企划方案，不仅会花费很多采访时间，在之后的写稿和编辑环节也会花费很多时间。

而且出版的内容违背本意和组织结构时，读者得到的东西就会很少，我也会误解"怎么做出了这么低的评价"，出版方也得到了"真是无聊的特辑"这样降低品牌价值的产物，三方都没有得到好结果。

我这里想说的是，提问（日语是"质问"）这个词正如其义，其本质是要"问出"某物／事的"质"。现在有些媒体为了"强行模板化"而敷衍了事，这样的做法绝对是不可行的。

所以在最后，好好复习一下本章学到的 6 个黄金法则、"提问"坐标系的各象限的特征以及改善的方法。

- 有没有瞄准目标进行提问
- 有没有有效地提取特别的信息

【A】有没有瞄准目标进行提问○

有没有有效地提取特别的信息○

擅长提问的人通常会好好考虑提问的目的，在最开始就向对方抛出次序较高的问题。而且一边防止以被采访者偏离目标的回答告终，一边有效率地引导对方说出深刻的回答。

还有，构筑让对方感到有回答意义的信任关系，准备好能取得平衡的问题。有时通过反驳和"装作理解迟缓"来确认对方回答的统一性，以建设性的提问来提高对方回答的质量。

擅长提问的人构筑和他人之间的心理的安全地带，通过倾听使对方注意，来改变对方的行动。

【B】有没有瞄准目标进行提问○

有没有有效地提取特别的信息×

即便瞄准目标进行了提问，但依然提取不了特别的有附加价值的信息的人，也会陷入附加价值减少的困境。

这常常出现在新闻工作者身上，他们会被习惯采访的著名人士和老练的政治家岔开话题从而得不到特别的信息。

这种情况下，采访者要防止对方给出既有的回答，再加上适当的反驳、确认和其他信息的统一性等方法，**注意提取对方准备的"公式性的回答"以外的特别信息。**

【C】有没有瞄准目标进行提问×

有没有有效地提取特别的信息○

有不少人提问时会偏离目标。有这种情况的人要考虑提问的目的和优先顺序，要带着提问的意图来提问。

但与此相反，回答者被问了偏离目标的问题，配合不了提问者的时候，这种情况该怎么办？

有这种情况的人，应该一边照顾对方的尊严，一边引导提问者向"实质上在问这样的问题吧"将话题扳回正轨，控制好优先度高的话题也是很重要的。

【D】有没有瞄准目标进行提问 ×

有没有有效地提取特别的信息 ×

在会谈和讲演会这样的场合，这类人会提出让对方困扰的"到底提问的意图是什么"这样的提问，浪费观众的时间。这样的人也不少。

这种情况令人困扰的是，现场的观众必须忍受那种无聊的问题与无意义的回答。将参加者浪费在那里的时间进行时薪换算的话，就会产生高额损失。

自己搞不清楚提问的优先顺序、周围的人不能理解到底在问什么——像我一样在大学时代有这样的尴尬经历的人，到底要怎么办才好？

这种时候，首先至少告诉对方自己到底在问什么，直率地重复问题内容。并且要思考自己想提出的问题，到底是以什么为基准选择的。

若依然得不到改善的话，那就少参加这种场合吧。

第五章

确保得到准确信息的黄金法则

为什么那个人容易上当受骗?

令人遗憾的信息接收能力的三大缺点和准确接收
信息的六大黄金法则

　　"媒体素养"是一种获取确切信息策略的基础,是媒体
人通过选择从各种渠道中得到的信息来评估和判断信息的可
靠性。

　　这种"正确的信息接收能力"是正确传递信息的先决
条件。

　　随着互联网和社交网站的普及,任何人都可以轻松发布
信息,街头巷尾充斥着良莠不齐的信息。虽然有时也会有一些
当今主流媒体没有报道的事实,但是单纯胡乱报道的信息也在
激增。

　　在这种情况下,例如在谷歌的推荐功能等人工智能的帮

助下，用户可以在页面中进行设置，仅显示自己喜欢的内容。

结果，越来越多的人陷入了这样一个令人遗憾的陷阱：他们没有接触到相反的观点或不同的观点，这样得到的信息越多，偏见就越大。

特别是在网络上，有些人为了赚取点击率和访问量，他提供的内容可靠性和质量是次要的。他们用耸人听闻的标题和内容引起人们的关注，"煽情的内容"也大幅增加。特别是近年来，在有关历史和外交问题的报道中这种趋势很明显。

为什么我有资格讨论媒体素养？这是因为我努力学习日语、韩语、英语和汉语，达到了可以流畅使用的地步，所以我每天都用这四种语言收听、阅读新闻。

我从四种语言的媒体所传达的信息中感受到的是，从各个国家的角度来看同一主题的信息，每个国家所报告的信息都是单方面的，并且带有宣传的意味在里面。

我并不是在夸自己是"稀世之才"。坦白地说，会说多种语言的人在社会上有很多（例如中国的朝鲜族人曾学习英语，后来到日本留学，所以会说这四种语言的人很多），我只是"中等水平"。

而且，现在有很多像谷歌翻译等十分成熟的翻译软件，可以免费翻译其他国家的新闻，翻译出来的精准度也是非常高的，所以就语言而言，我并没有什么稀有价值。

但是，即使如此，如果能用多种语言获取媒体信息，那么视野会扩大，整理这些信息的时间轴也会变长，所了解的东西也会越全面。

许多这样的"偏见"往往是通过以下三种原因产生的。

- 发布信息的人存在各种偏见和利益冲突；
- 排除违反偏见的信息，"错误的一贯性"；
- 只相信自己所处的群体才是正确的，"群体内部偏见"。

基本上，在几乎任何地区，大多数媒体人士或者作者都有一定的偏见。

而且，他们的追随者也受人类可悲的本能所支配——他们确信自己是唯一正确的。

在这种情况下，你的初衷只不过是想受欢迎，但当你的受众群体赞同你的观点时，它就满足了你需要被认可的欲望。

随后，你会激进地认为"他人的看法是不会受欢迎的"，为了满足被认可的欲望，让自己陷入了困境。

而且对于不认同的信息，你会拼命地堵住耳朵去否定、排斥，从而变得"愚蠢且固执"。

不只是信息的正确性，从特定的群体中获得的信息、每天接触致力于取得收视率的媒体中，"如何解读信息的偏差"，以及"如何面对自己的偏差"的"媒体素养"的重要性越来越高。

要意识到，专家或者集体决策的失误也是很多的。

大多数人相信的、所谓"专家"发出的信息，往往是错误的——这在商业领域也是常见的现象。

在我投资的项目，一个品牌或企业传达的信息，被不同的分析员用完全不同的方法接收，在这件事中我有了实际的感受。

10个分析员，全部都推荐"强势买入"的品牌股票突然暴跌导致损失，或是推荐"强势卖出"的品牌股票忽然暴涨，错失投资机会的事时有发生。

所以，专家和大多数人的判断很可能是错误的。为了避免受到负面影响，重要的是要不断努力拓宽视野并坚持自己的信念。

这些经历教会了我如何识破所谓的集体决策失误和充满偏见的信息发出者。

在本章中，我们将通过以下6个重要的黄金法则来增强"媒体素养"，并增强"信息的接收能力"，从而避免虚假信息和错误观念的产生。

黄金法则 1　尝试分析媒体的利益相关方和支持者

尝试分析媒体的利益相关方和支持者

思考：那个媒体想要用什么报道让什么样的人开心

对媒体本身的偏见分析是提高解读信息偏见能力的关键。特别是关于政治（尤其是外交）的文章，当你看到媒体或作者的名字时，结论和语气，批评还是支持，几乎可以在一瞬间就预测出来。

在这种偏见分析中首先需要注意的，**是媒体公司的管理层或者主编与当权者之间的关系。**

由于媒体会左右舆论，所以其管理层很容易与政治家有关系。因此，媒体的总经理，特别是创始人掌权的时候，那个企业出版的杂志和书，基本上充满了政权拥护论。

可悲的是，在媒体和企业经营者中，有很多人被当权者叫来聚餐，不得不装作很高兴的人很多。其实自己只是在被利用而已，却只能装着很高兴地把和他们聚会的照片上传到网上。

在这方面，让我们来考虑一下，为什么这个频道总是拥护上位者，而那个电视台的新闻节目叫来的"时事评论员"也会被有权势的人叫去赏花呢？

其次，值得注意的是那些**媒体的商业模式（包括赞助商）**。例如，那些从政府预算中得到大量工作的媒体，很难想象它们能够自由地批评政府。

仔细调查后，你可能会注意到，在该媒体平台上发布赞助商广告的企业老板，经常被邀请与政府官员一起聚餐。

即便将目光投向经济媒体，希望抛售日本股票的资产管理公司推出赞助商广告的经济报纸，至少也会揣摩是否能在那一期登上经济和股市悲观论等。

另外，如果有在这个媒体上刊登了招聘或品牌广告的企业，那么就很难没有顾虑地写出针对该企业的批评文章来。

实际上我在为经济报撰稿的时候，对在该报上登广告的企业进行批判，就算编辑部什么都不说，我也是很难写出来的。

最后，值得注意的是，**该媒体的受众群的特征**。杂志购买者都是那些愿意相信些什么的人，如果能够分析出他们有什么特征的话，那么我们媒体的分析能力也能独当一面。

长期以来，读者的固定观念非常强烈，因此媒体无法轻易改变论调，只能进一步加强偏见。

在这种情况下，如果亲近上位者的媒体增加，社会上就会自动形成"偏见强化周期"，产生"官方民意"。也就是说，政治家的发言，被政治家喜欢的媒体直接散播，形成了舆论。

这样一来，人们就会认为不可能存在公正中立的媒体。确实，那是不存在的。

正因为如此，两个极端不同的媒体才会被对方的读者群嘲讽"还有人相信这种东西啊"。重要的是要像调查一样，以不同的角度进行观察。

对媒体进行分析似乎很困难，但是不用担心。任何人都可以做到简单的第一步，当您看到类似的批评文章和表扬文章时，只要确认一下媒体的名字，就可以轻而易举地识别出该媒体的特征。

特别是媒体在政治方面的报道，我们要小心，因为如果我们不考虑这些利益和意图是为了谁，发布这些信息是为了取悦谁，我们就会很容易被操纵。

> **⟨ 教训 ⟩**
>
> 　　在分析信息的可靠性时，我们首先要考虑一种特定媒介所具有的偏见和冲突。

黄金法则
2

要警惕著名人士所谓的"简单而又有趣的解释"

找出错误做法的三大特征

要衡量信息发布者的可靠性，关键在于他们是否拥有第一手信息、对反对意见的态度，以及他们对读者或观众的态度。

第一个值得怀疑的是那些以"简单易懂"为卖点，却根本不知道复杂真相的"迷之评论员"们。

遗憾的是，比起值得信赖的专家和复杂难懂的事实，传播虚假信息的"专业人士"的简单易懂又有趣的虚假信息，扩散力非常强，大部分人都容易上当受骗。

例如，在媒体上讨论历史，只有少数人能真正提供高质量的信息。缺乏专业知识的科幻小说作家、漫画家、喜剧演员却非常多。

正如 2018 年底出版的、某作家的历史畅销书因复制粘贴错误百出的维基百科上的内容而引起热议的那样，就算是有趣也不能期待这种书出版。

实际上，电视和杂志上出现的"熟悉某某领域的专家"，在真正的专家看来，他们只是将网络新闻里的话连起来而已，还有专注研究如何更受欢迎的"专家"也非常多。

有必要考虑一下这一点："有常识的人"到底是能够获得各种现场第一手信息的人呢，还是单纯发挥着媒体期待作用的"没有常识的人"呢？

第二个可疑的特征是，面对反对意见，感情用事地破口大骂。

在没有特别广阔的视野和见识，被"喜欢极端偏见的人"追捧的案例中，他们往往会对反对意见进行情绪化的个人攻击。

一个典型的例子就是"不要被假媒体欺骗"或者是"某某国家的间谍""不要贬低国家"，这样大家耳熟能详的"三大自动反应"。但其支持者，与其说追求事实和逻辑，不如说更要求对偏见的赞同和强化。因此，不是用事实和逻辑来应对反对意见，而是逃避并且使用无的放矢的个人攻击和辱骂。

这样的人在收集信息的时候，只能学习强化自己想要相信的事情，所以结果学习越多，视野就变得越狭隘。

第三个特征就是将所谓的"信息匮乏的追随者"变成猎物。

我感到奇怪的是，有些人会利用自己的知名度，推广一些可疑的减肥药、代餐食品或美容产品。其中包括那些"无效的癌症治疗方法"，以及那些老生常谈的根本没用的"血液卸妆水"等。这些知名人士都毫无顾忌地出现在宣传中。

恐怕明星本人并没有使用该产品，使用前后的对比图片也是修过的。

他们参与了对支持自己的粉丝的欺骗行为，像是"光吃这个就可以轻易减肥"的药物、奇怪的生发剂等宣传，而且许多知名人士并没有因为参与其中让自己的良心受到谴责。

通常情况下，如果你相信自己，除非你有赌上自己名誉的推荐以外，你就不会让别人给你提供任何建议，但是，受骗的追随者高兴地按照"教主"的意思继续消费，并满足其团结和希望被认可的心理。

不管怎样，忽视复杂的整体形象，搞出让人简单理解的东西，一被反对就会生气，向追随者兜售东西的人发出的信息，一般都会遵循"Garbage in，Garbage out"的命运，所以千万要小心。

　　谨防把"追随者"当成猎物的人，注意"容易理解但错误的信息"。以第一手信息的有无和反对意见的态度，推测那个人发出信息的可靠性。

黄金法则
3

不被"专家""法律依据""科学依据"蒙蔽双眼

看破虚假信息的三大依据

　　要做出正确的信息分析，让我们试着识破假装信息客观正确的三大把戏。

　　首先，我们想要识破的是"专家所说的"这个把戏。

　　虽然确实具有专业性，但也有很多情况下必须确定该人发布信息的目的。

　　例如，有许多"专家"只是假装是"第三方的大学教授"，实际上是由权力和利益集团雇用的。

　　此外，政府或机构的专家会议会聘请赞同其政策的"御用"学者。其中也有一些奇怪的"专家"，为了让当权者喜欢，自己没有见解，只一味赞同当权者的话。另外，暂且不说真心话，很多人都是考虑支持者想听什么而发言的。

企业发生丑闻时受雇的律师组成的"第三方委员会"，其实真的不是第三方。付钱的企业会对律师说："像煤气泄漏但不会爆炸那样，批评时不要将我置于死地。"他们会在幕后达成一致。

甚至在自己的专业之外的领域，也有不少人以专家的身份自居。

从现在开始，如果听到"专家说"这样的话，就要注意这位专家到底是什么样的专家，又是出于什么样的目的发布信息。

其次，我们需要识别以"法律依据"为代表的宣传。

例如，在任何一个国家，当权者预料自己会遭受道德谴责的情况下，都坚持"依法处理"的正当性。但重要的是哪一部法律是适用的，法律的内容又该如何评价。

比起法律判断，基于多种价值观和人权意识变化的综合判断，当然比局限的法律判断更重要。

在这一点上，如果一个人轻信权势之人的宣传，并且不知不觉地误以为是自己的意见，一直重复宣扬，这种时候就要注意了。

最后，需要识破的是所谓"科学证据"的把戏。

虽然有人聪明地使用"证据"这个词，但从内容来看，根本不是证据的情况也是不少的。

通常会有很多群体之间做比较分析，比如两个群体都有95%的可信赖程度，这中间是否存在统计学上的显著差异等，但很多人会像相信神明一样去相信那个观点。

其中最让人感到尴尬的是，无论让人评价什么，都只能说"那不是基于科学的证据"。

实际上，虽然数据分析显示群体的倾向存在差异，但这并不意味着这一差异适用于个体。

虽说有"科学依据"证明减少碳水化合物的摄入就能减肥，但糖分的分解和排出功能因人而异，很可能这并不适合自己。而且，如果你做出的综合判断超出"瘦下来"这一评估指标，可能会危害健康。

何况在数据分析中，通过对数据的选定方法和结果判定标准的设定法，就能让已经得出结论的观点附加上"科学"的光环。

这就是为什么在环境问题、烟草健康危害、特定治疗方法的效果测量等方面，科研工作者都进行了科学分析，但推动派和反对派的结论却完全相反。

顺便说一句，你知道被"专家""法律依据""科学依据"这三个把戏全部欺骗的人被称为"帽子戏法"吗?

但是，值得注意的是，有这样滑稽的笑话，只能说明开玩笑和任人摆布的人媒体素养都很差。

　　不能轻易被给人留下正确印象的"证据"所欺骗。要知道所谓的"专家""法律依据"和"科学证据"也是有很多把戏的。另外，也不要把单纯的玩笑当真吧。

黄金法则
4

不要在意"批评"和"抨击"
专栏陷入纷争时发现的"三十分之一法则"

    到目前为止，我已经指出了过分相信媒体和"科学证据"的问题点，但更值得警惕的是网络的评论。

    这是因为媒体和商业广告不可靠，而且我经常过分信任互联网上的评论和评估，导致经常被欺骗。

    第一，需要注意的是评论和实际情况大相径庭的时候。例如一本即将上市的书，如果作者的粉丝数量庞大或者得到众多相关人士的支持，那么其粉丝和支持者就会在新书上市当天在亚马逊网络商城上发表大量的评论，这是新书发售时的一道风景线。

    还有更恶劣的情况，某个知名的餐饮店口碑网站上，以餐饮店的评论分数为要挟而向餐饮店索要钱财，或者专门雇很多人在亚马逊上写评论。

事实上，我喜爱的寿司店尽管品质优良，却不配合口碑运营网站，因此甘愿接受极低的评价。所以我们需要记住的是，评论往往不能反映实际情况。

第二，要注意的是评论的评估标准通常与自身的标准不同。在大多数情况下，评论评分不能反映产品或服务的好坏，只能说那是个人喜好的问题。

例如，我的书籍在亚马逊总是得到 1 和 5 的评分，也就是最低和最高。

我很好奇，想看看那些没有购买记录却对我的书评头论足的人们还推荐了什么样的书。不出所料，我在本章开头提到的那些"维基百科复制粘贴书"，正是他们所热衷的类型。

特别是一些负面评论，其中有些是令人信服的，但更多的是没有购买记录的人写下的与书里内容完全无关的评论，并加以批评。只是那个人的评价标准变成了"是否符合自己的思想信条"罢了。

其他经常让人感到疑惑的就是大学排名。我原来每年都能收到各种各样的媒体的关于 MBA 排名的投票等委托，但其评价指标项不与学生的目标回报相匹配的情况也很多。

同样的问题也经常出现在"工作轻松的公司排行榜"上。

但是，即使其他的人评价得再高，或者评价得很低，解读这些评价是以怎样的标准和意图写出来的，这是很重要的。

第三，我们需要记住的是，虽然少数愤怒的批评更引人注目，但是默默支持的人却占绝大多数。

多亏了我的专栏，该专栏经常记录数百万个 PV（Page View，页面浏览量）和数以千计的评论，我得以发现了三十分之一的法则。

比如说，如果你喜欢这个专栏，并且对它持肯定态度，你就会"点赞"，然后假设收集到了"三千个赞"，因为有很多喜欢这个专栏的人，未必会想得起来给"点赞"。

这种情况下，评论大概有点赞的三十分之一的量，不过，那些评论几乎都充斥着谩骂和憎恶。这就意味着，做出积极评价的人的能量只是按下一个"点赞"，但愤怒的人和闲暇的人会把全部精力都花在写消极的评论上。

这个三十分之一的比率当然会随着时间和专栏的不同而变化，所以这并不是一般化的。但是，看到消极的评论就认定"大家都很生气"，这是非常不对的。

我们社会的媒体尤其容易接到愤怒者的来信和电话。但事实上，要记住可能有三十倍，甚至更多的无声支持者，面对批评，不要过分畏缩。

虽然有人佩服我"即使被骂了也完全不介意啊"，但我因为受到了太多的谩骂，已经麻木了，不管被写什么都当他写的是"你好""祝你好心情"。

但在这里，我们要记住的是，为了避免这种"舆论被骂声拉动"的情况，对于无聊的骂架，我们需要一笑置之，而不是畏缩和生气。

尽管受到了很多批评和破口大骂，但我们要坚定地认为，这并不是整个社会舆论的反映。

比起来自不了解实情的人的随意评价，更应该相信了解一切的自己的评价，不要因为别人的评价而影响自己的情绪。

> **〈教训〉**
>
> 不要被表面上的"骂声"或批评所淹没，避免过度畏缩。

<table>
<tr>
<td>黄金法则
5</td>
<td>**警惕愚蠢的固执**
花了 700 亿日元学到的 "固执的代价"</td>
</tr>
</table>

那么，我们如何才能从之前讨论过的假信息和偏见的陷阱中爬出来，从而避免成为"愚蠢的固执者"呢？

认识到自己的错误观念**首先需要承认——包括我们自己在内，人们"充满了矛盾和错误"。**

我在美国某个大型资产投资公司工作的时候，那个公司的理念是，不要在投资报告书上写 "I think（我是这么认为的）"，而是写 "I believe（我相信是这样的）"，这着实让我非常惊讶。

因为有人建议说："如果是 think（认为），音调就会变得柔和，所以要用 believe（相信）表现出 conviction（确信）。"

虽然这意味着要进行彻底的调查，确信无疑，但是随着工作时间的变长，我认为这是西方文化的强烈影响。

在美国国会听证会上，经常有人会被问到是否相信这是最好的决定。因为那些对上帝发誓是自认为最好的而犯错误的人，比那些因为恶意撒谎而得到满意结果的人，会得到更高的评价。

同样的道理，投资决策可能是正确的，也可能是错误的，但如果你相信这一点并以此为基础做出了判断，哪怕决策是错误的，你也可以原谅自己。

相反，令人吃惊的是，当我在中途改变主意的时候，却被人愤怒地批评为"善变的人"。

所以有时候人们会存在着重视人格一致性（integrity）的观念。这样一来，改变工作判断就好像会被认为是一种"背叛行为"，因此很难改变判断。因为，如果人们要是一味地相信这一点，那么人就会停止思考，也无法将轨道修正。

在商业领域，人们必须谦虚地认为自己是一个充满矛盾和错误的生物。

其次，重要的是要自我反省，因为我们相信了很多错误的评价指标。

例如，在资本主义社会中，往往会用ROE（净资产收益率）的增长，EPS（每股盈余）的提升和GDP增长率来评估领导人的能力。

但是，只有这样的东西作为衡量标准，就会导致过劳的工人和环境破坏、对待食用家畜十分残酷（便利店的鸡太可怜了，我绝对不能吃），却成了次要的事情。姑且不说全社会以脱贫为目标，即使社会状况发生变化，领导人也会顽固地追求和以前一样的指标，这意味着指标已经目的化了。

恐怕大家所在公司的评价指标也都是追求公司或者社会的良好反应吧。

重新考虑目的和评价指标，因为价值观和哲学受到考验，所以还会伴随着转变观念的困难。但是即便如此，勇敢地思考在不怀疑目标内容和评价指标的"完成"中，到底有怎样的价值和意义是很重要的。

最后，要审视自己的"愚蠢的固执"，换句话说，就是审视"消除认知失调的欲望"。

人类极端厌恶那些因获得违背信仰的信息而陷入混乱的不稳定状态。因此，一旦你要做出某种判断，你就会排除那些与你的初始判断相违背的信息。这就是所谓的"消除认知失调的欲望"。这也导致了我职业生涯中最大的失败。

由于这是很久以前的故事，所以我写出来时已经无效了。

那个时候的我，将好几次因造假和股票跌停，引起过轩然大波的企业——老虎宫殿（化名）的股票评定成"强势买入"。那个时候的股价还很高，我也让基金经理买了很多。

正如"不小心买了"这句话所表达的那样，老虎宫殿的股价已经跌到了原来的十分之一以下，但我仍然无法收回自己的"买进判断"，继续固执地反对及时止损的观点。

当时，我固执于自己判断的一致性和正确性，对投资公司管理层不当使用资金的消息视而不见，对证券公司分析师的建议报告和电话有着强烈的反感。

本来，由于管理层缺乏可靠性，所以必须转向"卖出"的局面。但我却不承认自己的错误判断，因为我"愚蠢的固执"，导致了一次巨大的损失。

最终，在股价、业绩和名声下降到改变意见也无济于事的地步之后，我终于承认了自己的错误。

市值总额约 5000 亿日元的时候，基金经理持有 15% 的话资产额有 750 亿日元，如果这之中 9 成股票全部卖出，那他就损失了将近 700 亿日元。

这为我们学习到"愚蠢的固执"会让我们付出巨大的代价提供了一个令人痛心的契机。

我忍辱讲述了目前我的职业生涯中最大的失败，也是为了让我不要忘记自己的软弱——不符合自己信仰的信息已经下意识地舍弃了。

> **〈 教训 〉**
>
> 重新考虑自己"确信"的内容或评价指标吧。为了消除"认知失调",请确保您没有排除不符合您的信念的信息。

黄金法则 6	**时常确认自己是否存在"群体内部偏见"** 用多种语言接收信息时才发现自己和社会存在的偏见

绝大多数人都认为，自己和自己所属的群体的说法才是正确的。但实际上并不是这样的，这种假设被称为"群体内部偏见"。

如果只生活在熟悉的社区，也不会感到特别不方便，所以可能认为这个问题"与自己无关"。

但是，如果像我和最近的许多年轻人一样，跨越国家，生活在不同的社区里，那么这就变成了"自己的事"。为了国际化发展的未来社会，请和我们一起。

那么，要面对不可避免的偏见，该怎么做才好呢？

第一，因为存在自己也不知道的视角，所以谦虚很重要。

例如，大多数已婚的人都会同意，因为夫妻吵架时对方说出的自私至极的话，这种相较于结婚前的落差让很多人感到难以置信。

即使是每天见面、交流很多的夫妇，看问题的视角和观念也会有很大的不同。如果把这个放在错综复杂的陌生人群体之间，那么应该可以想象，令人难以置信的误解有多大。

正因为如此，"我们的群体应该还有很多不知道的信息和视角"这样重要的谦虚，使我们不会因为假设而失控。

第二，重要的是不要给其他群体贴上标签，使其简单化，而是要看到复杂的多样化的现实。这种"集团内部偏见"，以及刺激这种偏见的"贴上标签"，在长期争执不休的韩日关系中尤为明显。

我是在京都出生的韩国人，有敬爱的日韩两国的家人和朋友、恩师和同事。因此，与那些评论家、政治家、媒体相比，更多的是自己对两国的对立感到痛心。

虽然有很多争论和想法，但有一点想要大家注意，实际上两国都有各种各样的人，在复杂多样的现实中，两国的政府和很多媒体都会给对方国家的民众形象贴上脸谱化的标签，以此种下偏见的种子。

只在有媒体的情况下，一些韩国人才会在周末在光化门前热切地向日本示威，但这种区别是普遍的，它不是所谓的抗日抗议活动，而是反总统的抗议活动。

此外，还有各种各样的示威游行，例如尖叫"日本不是敌人"的示威、反总统示威（这是最大的）、反美示威，还有亲美示威什么的，总之有各种各样的示威活动。

正如日本方面也知道的那样，有热衷于消费和发布所谓的"反韩"的人，也有热衷于韩国偶像和化妆品的女高中生、女大学生。

有些人把子弹和恐吓信一起送到大使馆，有些人一边发表所谓的仇恨言论，一边在新宿漫步，还有人在柜台上对此提出抗议。

有很多人在社交网络上发表文章说即使国家发生矛盾，我们也要和睦相处，还有在首尔市厅前的示威中进行自由拥抱的日本年轻人。

有着如此多样的集团，绝对不能用韩日矛盾这个粗略的单位进行说明，但是媒体却剪辑了一部分的影像，反复指责说："那个国家……"利用集团内部偏见，煽动仇恨，使自己的事业和支持率连接起来的，把传统的政治与媒体相连的人很多。

但是最近，不仅是在网络上的文章，就连我和同行业、同校出身的周围人士也出现了因只知道本国媒体的信息而产生的对立情绪。因此，请允许我怀着对两国深厚的爱和尊敬，重新写一遍。

不能因为政治家或媒体的煽动，就把民间也牵扯进来。因为他们互相争斗会提高支持率和收视率，所以作为商业模式会有利可图。但是如果被它牵着鼻子走，普通市民之间发生争执，我们只会自己吃亏。

如果知道了错综复杂的各种实际情况，就可以理解为在一个国民形象上贴上统一标签等，是政治家和媒体的"内部商务"吧。

即使现在外语不好，也可以通过谷歌翻译，免费简单地获得其他国家的媒体信息，请一定要尝试一下信息源的多样化。

第三，重要的是要摆脱我们的祖先黑猩猩的斗争本能，认识到"内部群体"之外的也是人类。如果你想摆脱"群体内部偏见"，重新审视自己的"内部群体意识的弱点"和"过时的本能"，也是很有效的方法。

比如 2019 年东京举办橄榄球世界杯时，我就拼命支持新西兰队。这一切的开始，其实只是想看看那支"哈卡舞"（新西兰橄榄球国家队黑衫军表演的传统舞蹈）。

那就是，在支持新西兰的时候，感觉自己也变成了全黑队的一员，有种奇怪的感染力。我不会打橄榄球比赛，但只有卡帕奥庞格（哈卡舞的一种），我有信心跳成和全黑队一样的水平。

虽然在争夺第 3 名的比赛中赢了对手威尔士 20 分的大差距，看着意志消沉的威尔士粉丝，每当出现额外的分数时，在心中跳着卡帕奥庞格的自己，突然感到羞愧。

反正新西兰全黑队会赢，"在接下来的比赛中还有 3 次机会"，若威尔士得胜，世界球迷的幸福度会不会提高呢？

于是我就开始了"全黑队只要以微弱优势获胜，就应援威尔士"这样的成熟助威。

当时，我从大局上领悟到，如果世人能够将自己从残酷的内心偏见中解放出来，就可以对世界上的其他群体抱有平和的心态。

无论是商业，还是个人兴趣爱好，都不能过分相信自己所在的群体是无条件正确的，并反过来用这种偏见，去敌视对方群体。

"正确的是我们，对方应该被彻底打垮"——被这种黑猩猩时代的本能所推动，导致失控而进行攻击是不行的。

为了不输给本能的对立意识，请允许我衷心支持每一个冷静的、顶着舆论压力的客观评论的人，以此作为本篇的结束。

加油！加油！（哈卡舞的音调。）

> **〈 教训 〉**
>
> 　重要的是要怀疑自己的"群体内部偏见"，并尊重平等的"外部群体"。

不过分依靠媒体，眼见为实

阅读时，要意识到自身局限性；接收信息时，"尽信"不如"不信"，一定要有自行分析的过程。

在最后一章中，我们讨论了"获取确切信息的策略"的基础——媒体素养的基本内容。

在这里还有一个重要的因素，在判断信息准确性时不能忘记要直接接触各种各样的人。

大概只有南美和非洲的几个国家我还没去过，因为经常在不同的国家工作、玩耍，所以我在大多数国家都有熟人、朋友。

我从这一经历中学到的最大的教训是，不管政客、媒体和教育系统有什么偏见，我们都是大约 7 万年前在非洲进化出来的人类。

历史上，在两国开战之前，肯定会有国家把对方宣传得像恶魔一样坏。正因为如此，在侮蔑的言论中，人类经历过无数的悲剧教训，我们必须对这种行为说"不"。

从亲身体验的重要性来看，畅销书《以资金的流向来解读日本和世界的未来》的作者、著名投资家吉姆·罗杰斯与媒体的谈话中，他最后说的一句话给我留下了深刻的印象。

罗杰斯当时说："去任何的国家，与当地人交谈并一起喝啤酒，就可以消除偏见和误解并成为他们的朋友。"他笑着讲述了自己的经历。这跟我经历的一样。

加强了"媒体素养"的读者们应该不难发现，这位罗杰斯先生的书的编辑，其实和本书的编辑是同一个人。

虽然加强了"媒体素养"，但能自然而然地考虑"信息发布者有哪些利益相关者，以及他们以什么样的意图来发布信息"的能力还有必要增强。

最后，将本章所学到的 6 个黄金法则的重要因素分配为以下两轴，对"信息接收能力"确认矩阵的各象限的特征和改善方法进行回顾。

- 消息的可靠性
- 检查自己的偏见

【A】消息的可靠性○

　　检查自己的偏见○

　　善于接收信息的人会试图去理解媒体管理者和支持者的立场，并检查传播者的信息来源是否基于可靠的第一手消息。

　　另外，通过观察传播者是否能冷静地对待反对意见，也可以判断信息的可靠性。

信息接收能力确认矩阵

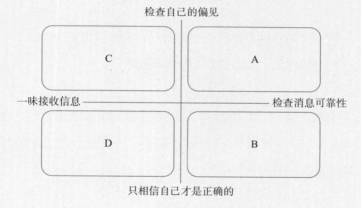

这些人对专家的发言、法律依据、科学证据等表面上看似合理的根据也会进行仔细的调查。

　　另外，他们也很清楚网络报道和留言数量的多少与事实相去甚远，也不会过于相信自己的信仰和评价标准，也会自省放下愚蠢的固执。

　　而且他们在冷静地看清了自己的群体内部偏见之后，才能判断信息的可靠性。

【B】消息的可靠性〇

　　检查自己的偏见✕

　　要小心对待"热心学习的顽固者"。虽然他们调查了各种各样的信息，但是只收集了强化"自己想法正确性"的单方面信息。

　　这种类型的人是为了批评对方才热衷收集信息。但是，对于违背自己信仰的信息，就会完全屏蔽，认为那是"笨蛋在撒谎"。

　　处于这种状况的人，需要积极地重新审视自己有什么群体内部偏见和认知失调的问题。

　　通过冷静地重新考虑自己的判断标准，并通过接触群体外的信息，使信息来源多样化，保持自己有较高的视角和宽阔视野是很重要的。

【C】消息的可靠性✕

　　检查自己的偏见〇

　　这种人好的方面，就是能谦虚地认为自己的想法可能是错误的，但会轻信虚假信息。

　　例如，"也许我的做法是错误的"，反省自己并努力学习很多东西是好的，但是那样容易陷入奇怪的占卜、奇怪的自我启发训练班等，既然信念很快会被动摇，也就很容易被错误的信息所左右。

有这种状况的人需要冷静地问自己，该传播者的支持者也就是所谓的"信息弱者"，至少周围没有"信息强者"吧。

【D】消息的可靠性✕

检查自己的偏见✕

一个人充满偏见，并且会相信很多错误的信息，他可能不会停止，因为他没有感到羞耻。

这样的人，因为偏见很大，而且毫不怀疑地相信所有的假信息，不管周围人说了什么，都容易引发感情上的愤怒。

在这种情况下，自己想要保持的一致性是不是"一贯错误且顽固不化的证明"呢？问清自己这一点是很重要的。

另外，我们要谦虚地面对自己的"群体内部偏见"，以确保我们不会被在狭小的社区里得到"点赞"的快感所推动。

后记

信息传播能力的"信"也是信用的"信"

　　20 年来，我把各种各样的与全球商务人士交流的教训总结成了一本书，那个漫长的旅程也该要落下帷幕了。

　　本书总结的 33 个教训，都是根据我亲身的经历而得到的，所以想读一遍就能全部掌握，在我看来实在是太雄心勃勃了吧。

　　要想掌握这些，花很长时间增加经验是很重要的。但另一方面，我想发自内心地鼓励大家去掌握，因为这些教训可以成为所有工作的基础，且其中大部分都可以应用到任何人身上。

　　本书总结的 33 个教训中，请允许我回顾一下想特别强调的几个要点，作为结束。

　　当本书的写作接近尾声的时候，我有机会与我的编辑团队讨论"什么是信息传播能力"。

　　在这一点上，我的责编认为一个人的信息传播能力取决于能不能让他人对其产生"这个人 = 想要听他讲话"这样的信赖感，我也深表赞同。

正因为良莠不齐的可疑信息泛滥，值得信赖的信息价值也在不断提高。

要接收值得大家阅读听取的、可靠的正确信息。

因为解读媒体信息有偏差，所以得到能将第一手信息作为基础诚实地传递重要的评价，才是强化信息传递能力的基础。

在这样传递和接收的基础上，如果从本书学到的教训中列举出最重要的三点，那就是：

①要明确无论如何也要传递给对方的信息是什么；

②不伤害对方的情况下产生共鸣；

③反复审视自己的想法。

无论是写文章、做报告、日常对话、提问，还是解释信息等，都要问自己"无论如何都想传达的东西是什么"，以及如何与对方产生共鸣。而且"有没有被群体内部偏见束缚"的自省，也是很重要的。

首先，在"世界标准的交流能力的基础"之上，我想强调我最想传达的信息，并以此作为本书的结尾。

在我写作、与人对话交流或是做报告的时候，我自信的最大来源，大概就是我做了很好的准备，"我很期待告诉你，这是没有办法的"这样一个事实吧。

特别是在紧张的时候，重要的是要想出只有自己才有的附加价值的故事，使得享受超过紧张程度就好了。

而且，如果你能直截了当地用一句话来表达你非常想表达的话，那么无论你面对谁，都没问题。

相反，如果仅模仿小聪明小技巧，而不考虑这种"真正想要传达的内容"，那么任何人都不会有听的兴趣。

其次，我想表达的就是对作为本书最佳陪伴者，PHP研究所出版社的编辑大岩央和为本书做出许多贡献的田村知子致以真诚的感谢和敬意。

我也要向把我的著作摆在书架上，支持我的各家书店，献上衷心的感谢之情。也特别要感谢我的网站设计师、撰稿人、编辑、主妇以及运营部的各位，感谢你们在试读阶段给予了非常有意义的反馈。

我尊敬的世界顶级经营学者 INSEAD 教授 W. 钱·金；毕业后也在指导我的大学恩师竹中平藏老师；发行了很多我爱读的精彩书籍的著名脑科学家中野信子老师；还有在本书封面上给我带来很多的声援之词的，被誉为世界三大投资者的吉姆·罗杰斯先生，我想向他们表示真挚的感谢。

然后对用爱充满我人生的，我的母亲南瓜夫人、我的妻子香蕉夫人，还有现在虽然是一个小细胞，大概在这本书印刷20版以后出生的宝宝馒头（我的妻子说，我像一个馒头，称我为"馒头先生"），表达深情的爱意。

等到我们的孩子读到这些书的时候，他的父亲可能会在天堂看着他。

但是我作为商务人士前辈想告诉我孩子的东西，凝聚在前著的《世界一流精英的 77 个最强工作法》和《这样教孩子，将来他会感谢你》，以及《世界顶级精英的基本沟通能力》中，所以他可以安心地踏上旅程。

最后，我要感谢阅读本书的读者，这是最重要的。

大家的鼓励对我来说意义非凡。为了不辜负大家的心意，这次我也非常认真准备了这本书，想要传达给大家商务沟通领域里最有价值的信息。现在读完了这本书，你对我有什么印象？

如果在自己写作的同时，自己写一篇读后感言，那么用一句话概括本书的概念就是："一本能极大地提高商务沟通能力的社会教科书，既有传递也有接收。"

用两行具体说明的话，就是"作者在世界各地工作，有过很多丢脸的失败，通过幽默的实际体验学到的，提高阅读、书写、报告、对话、提问能力的 33 个教训"。

而且，换句话说，开头说明的三大特征是全球（世界各地的实际体验）× 实践（适用于任何人的实践黄金法则）× 粉丝（易读、易懂、幽默），如果能这样一边享受一边学习的话，我的想法就已经达成了。

本书的另一个秘密方针是对平时努力工作的各位表示真诚的肯定和鼓励。

虽然有那些真正值得感谢的人们的评论，但是有的人在亚马逊上说"我收这本书的时候，包装已经破损了，所以打个1的评价"之类的"完全不是作者的责任的不合理的1（最低评价）"，我希望你们不要这样"传递信息"。

我希望大家都能诚实地在社交网络上分享读书感想。可以通过我的 Facebook 或者我的网站"最强和一流的基础知识"联系我们，我们将不胜感激。

另外，如果对本书产生共鸣的人可以勇敢地推荐它，比如带上 # 金武贵 ## 世界精英们的沟通能力 ## 商业书籍大奖 # 等话题，那么这本书即使没有获奖，甚至还没有被提名，但是在"二十一世纪商业书籍大奖获奖祈愿派对"上，这本书也许会被邀请。

如果被祈愿派对邀请，作为庆祝及回馈大家，我将在我的网站上上传我在朋友婚礼上发表过的最好的一段祝福致辞视频（在征得当事人的同意之后）。

谢谢大家这次也带着温暖的心情把我的书读到最后。如果这本书能够助力你提高自身的商务沟通能力，哪怕只有一点点，那就是我的荣幸。

21 世纪初，在黑山的海岸城市科托尔——我真诚期待大家翻开这本书的瞬间。

金武贵